JN064621

インバスケット＆ケースのストーリーで体験する

上司との悩みを成長に変える賢い方法

A clever way to turn your troubles with your boss into growth

鳥原隆志
TORIHARA Takashi

日本能率協会マネジメントセンター

はじめに　上司とうまく付き合えれば10倍仕事は楽しい

皆さんは上司の方とうまく付き合っていらっしゃいますか？

もちろん仲良しならそれでOKですし、そこそこうまく付き合えているという方も安心です。上司との関係はとても重要です。

なぜなら私たちの時間の中で仕事のウエイトは大きいものですし、人によっては家族より長い時間を過ごす相手が上司だからです。

その仕事時間を気持ちよくするには、上司との人間関係は良いに越したことがありません。同じ仕事でも仕事が面白くなり、困ったときでも不安もなくなるものです。

しかし、上司との関係がうまくいっていないと、これは少しばかり厄介です。

何でもない仕事も横やりが入ったり、時間をかけて考えたアイデアをあっさりと却下されるなど、頑張る力も湧き出て来なくなります。

それればかりか、周りの方にも気を遣わせるなど地獄とは言いませんが、つらい状態になってしまいます。

《上司とうまく付き合えば10倍仕事は楽しい》

これは大げさに聞こえるかもしれません。

嫌な上司とこれからずっと一緒に仕事をすると思うと「やめたくないけどやめてやろうか」と考えてしまうのも無理はありません。

これがいい上司だと「仕事は嫌だがこの人と一緒の間はまだやめられない」となります。

この差は10倍以上の差ではないでしょうか。

この本を手に取っていただいたあなたも、きっと今の上司との関係性に課題を抱えている方か、もしくはこれから先に現れる上司とうまくいくかと不安をお持ちなのかもしれません。

「上司に嫌われているかもしれない」

「上司とうまく意思疎通ができない」

本書はこのように感じられている方にとって、今までと別の方法をご提案する内容となっています。

そして職場では、あなたは仕事だけに没頭し、出した結果に対して正当な評価が得られ、あなた自身がやりがいをもって仕事ができる。そのような環境ができれば素晴らしいですよね。

著者自身はどちらかというと素晴らしい部下ではありませんでした。よく上司とは喧嘩をし、時には仕事に行きたくないほど上司との関係が悪くなったこともありました。

しかし、「インバスケット」というツールを通じ、今まで2万名以上の管理職の方の教育を担当してきました。上司という生き物を誰よりも熟知しているつもりです。

その経験から、上司という生き物をどのように扱うべきかを、皆さんにお伝えしていきます。

誤解が生じないように最初から申し上げますが、**あなた自身を犠牲にしてまで嫌な上司を好きになれということはしないでください。**

嫌いな上司のままで結構です。

それは本書を読み終えてもそのままでいいのです。

ただ「嫌いな上司」と仕事の関係をどのように良好に保つか、を考えるきっかけにしてください。

また本書の内容を、よりあなたの力にしてほしいので、あなたにも少しだけ協力してほしいことがあります。

それはまず本書を「読む道具」としてではなく、**「体験する場」**として捉えていただきたいのです。

本書はまずあなたにストーリーの主人公になりきってもらい、様々な上司と接触するケースに対し、今のあなたならどのように対応するかを考えていただく設定になっています。

その後に解説を読んで今までのあなたがとっていた選択肢と別の選択肢があることに気付いてほしいのです。

また本書を読み、あなた自身にも少し上司との接触の仕方を少しだけ変えてもらう必要があります。つまり**読んで気づいたことを実際の現場で行動に変えてほしい**のです。

行動を変えると、相手は生き物ですから必ず上司の反応は変わります。

それがすべての変化のスタートなのです。

ぜひ楽しみながら「謎の生き物＝上司」の取り扱い方を身に付けてください。

目次

第1章

上司とうまく付き合わなければならない本当の理由

1章 1

上司と良好な関係を保てる人が受けているメリット3つ

先ほど上司とうまくいっていると仕事は10倍楽しいと書きました。

なぜなら上司と良い関係であることは、職場での人間関係が良いということだけではなく、相談相手がいるということであり、守ってくれる人がいるということであり、あなたを正当に評価してくれる人がいるということだからです。


もしうまくいっていないとしたら……。


「仕事に口を挟まれる」

「好き嫌いで評価を付けられている」

「自分のことが嫌いなのでは」

「自分だけが大変な思いをしている」

などの気持ちをお持ちであれば、「うまくいっていない」という状態が当てはまると思います。

でもご安心ください。

多くの方が「うまくいっていない」とお答えになります。

さらに申し上げれば、**この本はそのような「うまくいっていない」方向けに書かれています**。

ではこの多くの方が抱えている「上司とうまくいっていない」という問題がなぜ起きるのか考えてみましょう。

「会社の風土」「テレワークなどの仕事の仕組み」「仕事の難易度や量」などの答えも出ますが、すべて間違っています。

それは**上司と部下両方の「接し方」が１００％の原因**だからです。

しかも、それらは上司に非があるかないかに関わらず、接し方からすべて始まっているのです。

私はこの言葉をあまり使いたくないのですが、俗に言うコミュニケーションから始まっています。

コミュニケーションとは相手がいて成り立つものです。

一人ではコミュニケーションなど使えないですよね。

上司とあなたの存在があって、上司と部下のコミュニケーションが出来上がるわけです。

この項で私があなたにお伝えしたいのは、上司とは現在関係が薄く、それを良い方向に変えたいと思うのであれば、まずあなた自身も少し接し方を変えてみることは重要であるということです。

えっ、なぜ自分が変わらなければならないのか？　と思われるかもしれません。

でもあなたが少し接し方を変えるだけで、あなた自身にたくさんのメリットがあるのです。

❶ 仕事がスムーズに進む

逆に言えば良好な関係でない時は、横やりや難癖をつけられやすいものです。

これはご近所付き合いと同じかもしれません。

❷ 提案が受け入れられる確率が上がる

人間は感情の動物です。

ですから理論や裏付けがあっても、〝なんとなく嫌だ〟と思う気持ちを超えることはできません。

❸ 評価が高くなる

評価は本来公正であるべきです。

しかし、最終的には人間が総合的な判断をして付けます。

良い関係を持っていると信頼感が生まれ、良い仕事を任せられやすくなります。

従って評価が高くなり報酬にも連動します。

上司との接し方を変えるだけで、こんなことが実現できるのです。

素晴らしいと思いませんか？

相手に反論するのも間違いではありませんし、接触を無くすという方法も時には有効です。それにもう一つ、あなたが今まで取っていなかった行動を試してみてください。

相手も人間です。成功確率は少なくても、あなたが毎日上司の顔を見て憂鬱になることに比べれば、試す価値はあるでしょう。

1章 2

上司は「無理を言う生き物」である

ここではまず、上司とはそもそもどんな生き物かを考えていきましょう。

私がマネジャーになって3日目に上司にかけられた言葉です。

「で、結果はどうなっているの？」

私は「は？」と聞きなおしました。何を言っているのだろうと感じたからです。

人事異動初日で冒頭に「まあ焦らずに頼むよ」と言われてまだ週も変わっていません。それなのにわずか3日で「業績は上がったのか？」と確認するわけです。

ちなみにこの上司とは1年ほど一緒に仕事をして、そこから3年後、また一緒に仕事をしました。

最初は私が上司を理解していない、そして上司も自分を理解していないからだと思い、いずれ時間がこの問題を解決するだろうと考えました。

しかし長い時間一緒にいても理解は遠ざかります。

「きっとこうなんだ」と思うことが、ことごとく外れます。

つまり**結論は「上司は理解できない」**ということです。正確には上司の常識と自分の常識は全く異なり、相交わることはないのです。

こう考えると、自分の常識を相手に押し付けるのは、そもそも個人のルールを相手に押しけることなのです。

ですからあなたも上司の方から理不尽なことを言われると「非常識だ」と思われるでしょう。しかし上司からすれば、それが常識なわけです。

で、この常識の隙間の埋め方ですが、何をしても完全に埋まることはありません。

20年以上暮らしている家族でさえこの隙間はあります。

ですが「落としどころ」は大体できていると思います。

しかし、上司は家族でもなく他人よりまだ遠い組織の上長です。

この場合、落としどころを見つけるのは困難です。

ですから上司とうまくいっている方は、私から言わせるとラッキーです。

ほとんどの場合が、報酬をもらっているので部下が我慢しているというのが現状でしょう。

もしあなたに部下がいらっしゃれば、おそらく私の話を複雑な思いで聞かれていると思います。

そうです。

あなたに部下がいらっしゃれば、同じように「理解できない」と思われている可能性があるわけです。もちろん私自身もきっと部下にそう思われているのでしょう。

少し寂しいような気はしますが、それだけ人をお互いに理解しあうというのは想像以上に高いレベルのお話なのです

ただこう考えると気持ちがすごく楽です。

コミュニケーションが成立しないのも、常識が通用しないのも、宇宙人的な発想を押し付けられるのも、自分と同じ人間として捉えるからおかしいのであり、そのような生き物と捉えるわけです。

上司は「無理を言う生き物」である。

こう考えてみてください。

そして比べてあげないでください。

誰って、あなたの理想の上司像とです。もしくは「自分だったらこうするけどな」ということも押し付けないでください。

それよりも、そもそも上司とは「無理を言う生き物」と思った方が幾分か健康的に考えられるからいいわけです。

どうでしょう。上司は「無理を言う生き物」なのです。

問題はその生き物をどう扱うかなのです。

ここはご批判覚悟で書きますが、私は上司を動物だと思っていました。

カラスは黒い鳥ですし、なまけものはよく寝る動物です。

それに対して憤りを感じる方は少ないでしょう。

無理を言う動物があなたに無理難題を言っても、「無茶苦茶だ」と思うことなく「あー、また言っている」と捉えることができます。

上司とうまくやっていくには、まずあなたのイメージを少し歩み寄らせることもできるのではないでしょうか？

上司は「無理を言う生き物」だと捉えてみると接し方も変えることができます。

どうでしょう。上司は「無理を言う生き物」なのです。

問題はその生き物をどう扱うかなのです。

1章 3

部下力を発揮する

私は普段、管理職の方を対象に研修や講演を行っています。

その場で「部下指導」などのいわば「上司力」をつけてほしいとお話をしています。

上司力があれば、使いにくい部下も使いこなし、会社の上層部から無茶が下りてきてもそれを部下にうまく伝えることもできます。

時には部下を鼓舞して乗せたり、緩んだ空気を引き締めたりもします。

これらは目標達成するという本来の仕事というより、そのベースである仕事の土台作りに位置します。

つまり**上司力とはうまく仕事を進める技術であり、自分を守る防御方法**です。

この技術を使う上司は自身のストレス防御が得意です。

部下に対してイライラしたり、間に挟まれて身動きが取れないということは、あまりありません。ひらりとかわすことができるからです。

部下が思うように動かないだとか、自分を軽視していると憤慨したり孤立感を持つ上司が多いですし、それで悩んで体を壊す方も見ています。

この防御策は上司だけが持つべきなのかというと「そうではない」というのが私の意見です。なぜなら「理想の上司」に当たれば幸運なわけですが、なかなかそのような方と巡り合うのは稀です。むしろ人間と異なる、動物のような上司が多いわけですし、部下と上司を比べると上司の方が力を持っています。

この力とは**役職の力**です。

なので、部下も自分を守るための防御術を持つべきです。

先ほどの「部下力」というキーワードで検索すると、多くの記事がヒットしました。本も多く出ているようです。

その多くは、上司に信頼されて結果を出して評価を上げるのが部下力だと書いていました。

私は、これは違うと思います。

上司とうまく付き合う力を私は「部下力」と定義付けています。

誤解のないようにお伝えすると「部下力」とはすばらしい部下になる力ではありません。

もう一つ定義のようなことを書くと「上司とうまくやる」という表現を本書の中でよく使います。

この〝うまくやる〟というのは〝上司と仲良くなる〟という意味ではありません。**少なくとも敵に回さない状態が私の言う「うまくやる」**です。ましてや上司を好きになる必要など全くありません。

嫌いなものを無理に好きになろうと頑張るよりも、**嫌いなものを気にしないほうに頑張るのが部下力**なのです。

私にも以前どうしても合わない上司がいました。朝出勤してその上司の机の上を見て、仕事をしている形跡があるだけでもその日、一日が憂鬱になったものです。

しかし、そんな上司となぜか別の職場でも数回一緒に仕事をすることになりました。

今でも正直好きにはなれませんが、接し方を変えていくと敵対関係は解消し、以前のようなストレスは感じなくなりました。

それは**あくまでビジネスの関係と割り切った**だけなのです。

おかげでＷＩＮ－ＷＩＮの関係が築けました。マイナスがプラスになるとは素晴らしいことです。

嫌いか好きかという感覚を置いて、上司の特性に合わせてあなたの行動や受け方を少し変えてみるだけで、どんな上司とも関係性は改善すると思います。

第2章

どの上司でも使える裏技20選

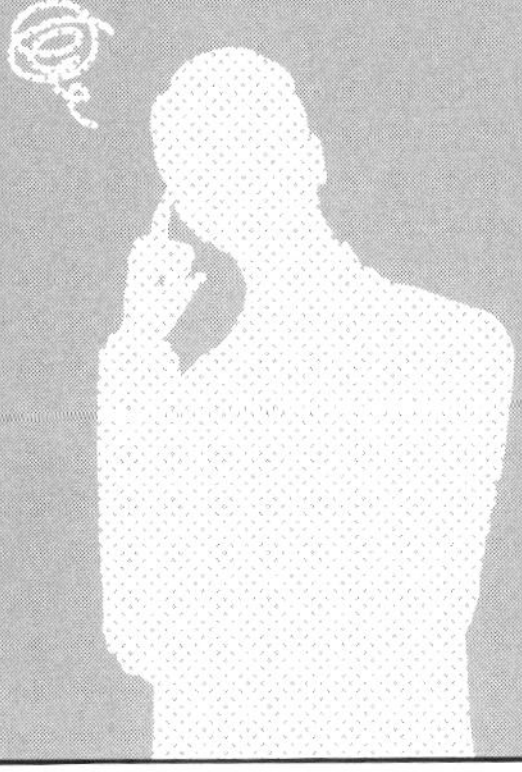

ここからは、インバスケットを用いたケース「桜電機」のストーリーをお読みいただきます。「はじめに」にも書いたとおり、ただストーリーを追って読み通すだけはなく、あなた自身がストーリーの主人公になりきって、様々な上司と接触するケースに対し、今のあなたならどのように対応するかを考えてみてください。

その後に解説を読んで、今までのあなたがとっていた選択肢と別の選択肢があることに気付いてほしいのです。それでは物語を始めましょう。

PROLOGUE 合わない上司との長い一日

僕は今まで人間関係で悩んだことはない。

だれがどう思おうと気にはしないし、自分は自分であると考えている。

こんな性格だから子供のころから両親は心配ばかりしている。

「この子は世渡りが下手だ。きっと出世しない」

母の口癖だが余計なお世話だ。こんな僕でも今は一応名前が知られている電機量販店で本社におり、販促係長という肩書もある。

僕の名前は溜池　真。

この名字のおかげで子供のころから「ためいき」だとか「ためぐち」などのろくでもないあだ名をつけられた。

どちらも心地よくはない。

まあ、周りからどう思われようがかまわない。

こんな名前でも「いい名前じゃないか」と言ってくれた人がいる。

それが池田課長だ。

課長は50過ぎのオール白髪。いつも穏やかだが、発する言葉は力がこもっている。

僕はこんな性格だから池田課長に世話を掛けている。入社して配属されてからミスの連続だったし、出社拒否病を発症したときは自宅にまで来てくれた。

「君は逸材だ。きっと伸びるぞ」

と周りに自分の息子を褒めるように話す。

ある日ゴルフに連れていかれ、その後池田課長の自宅で夕食をごちそうになった。

その際は僕と同じ年頃の実の息子の前でそのセリフを言うものだから、僕は「恥ずかしいのでやめてくださいよ」と話すと、「何を言う、私の目に間違いはない」と鋭い眼光を飛ばして叱られたことがある。

まあ、相性は悪くない。

ところが、一か月ほど前に池田課長が転勤になった。

この課長は永遠に販促課の課長だと思っていたので、僕は衝撃を受けた。僕だけではない。課のほぼ全員は落ち込んでいた。

送別会のときに「お前も一緒に九州に来るか？」と真剣に聞かれたから「暑いところは苦手だ」と返してやった。金魚の糞のようにくっついていくのも、親離れしない子供のようでみっともない。

だが、しばらくしてその強がりが後の祭りだったと感じた。

それは池田課長の後任でやってきた「野池」という野郎と仕事をして3日目のことだった。

野池は火星人のような風貌だ。まずほぼスキンヘッドだが赤ん坊のように髪の毛がのっかっている。「いっそのこと剃ってしまえばすっきりするのに」とみんな思っているはずだ。

早口で耳障りな声を張り上げる。どうも良い大学を出たことをアピールするかのように「情勢」だとか「為替」などニュースキャスターが使うような言葉を頻繁に使う。

よく「君たちの話を聞きたい」とみんなを集めたものだ。

もうすでに20分は自分が話している。

結局みんなの話は後程聞くと言って、30分経って野池は解散させた。

そして僕ともう一人の係長である岡田を個室に呼びつけ、さらに演説が始まる。これには参った。

「では今の情報を簡潔に報告してもらおう。3分で頼む」

野池から簡潔という言葉が出ることがどうも納得いかない。僕はあえてポンポンと箇条書きで今やっていることをまとめて1分ほどで終わってやった。

「問題だらけだね。まあ、そんなものだろう。根本からやり直す必要がある」

僕はわざとため息をついた。すると野池はこちらをじろっとにらみ「君の名前はため息くんか」と嫌味を言う。

自分の名前をもじられるのは人の権威を踏みにじるような卑しい行為だ。

さらに僕が頭に来たのは池田課長を無能のような表現を使ったことだ。

「前任は教育という文字を知らなかったようだ。どんな仕事をしていたのだろう」

後で聞くと池田課長と野池は犬猿の仲だったらしい。
僕はその日の晩、怒りで眠ることが難しかった

もともと僕は上司からの評価も気にしない。自分の仕事は自分で評価すれば十分だ。しかし、野池は僕の仕事のあらゆるところにケチをつけて、時には取引先などに直接電話し、進めている仕事をストップしてしまった。

これにはだいぶ参った。取引先も心配して、個人で僕の携帯に電話をくれるほどだ。

部下からも「係長と課長の関係の悪さは課内の雰囲気を緊張させています」と苦情をもらう始末だ。そもそも僕にはどうしようもないわけだが。

一方で岡田は以前と人が変わったかのようになった。まさに水を得た魚だ。

奴は僕より一つ後輩だが、前任の池田課長から信用されていない。まあ、業者から特別な接待を受けているなどの部分で池田課長から勘当状態だったのだ。

なので、唯一池田課長がいなくなり元気になっている男なのだ。

そして野池にうまく取り入り、腰ぎんちゃくのようについて回っている。

あるとき、野池は私が今まで担当していた仕事を急に岡田に変更させると言い出した。

後で聞くと岡田があらぬことを野池に吹き込んだらしい

抗議をしたが取り合う隙も無い。

とうとうここまでか。

妻に「仕事を辞めようかな」と笑いながら話した。

無論、作り笑いである。このような話は真剣にしてはいけない。

妻の穂恵美は勘の鋭い女性だ。この探りは簡単にばれたらしい。


「辞めてもいいけど、今よりお給料下がると家のローンと学費払えるかしら」


すべてお見通しだ。返す言葉がない。

もっとも僕も仕事が嫌なわけではない。目の上のたんこぶがなくなれば、居心地は悪くない。


「新しい上司の方とうまくいかないの？」

妻は洗い物でぬれた手をふき取りながら、対面に座り真剣な眼差しを投げかけた。

僕はすぐに視線をそらした。


「そんなことはないよ」

自分でそう言いながら、うまく表情が作れない。


その日僕はなかなか眠れなかった。

上司と険悪になるということは、仕事ばかりか生活の領域までも蝕む。

僕が進むべき道は何なのか？　奴が転勤するまで耐えしのぶ……それは、いつまでなのか？　1年なのか、2年なのか。

社内で配置転換を申し出るか。いやいや、これは僕らしくない。野池から逃げる理由もないし一生の名折れである。現実的に転勤すれば引っ越しもあり得る。

奴にうまく取り入るしかないか……そんな器用なことは僕にできない。

そうこう考えていると時計は朝の3時を過ぎていた。

次の日の朝、黄色い朝日を見ながら出勤すると職場がざわついている。

僕の席にだれか座っている。

近寄ってみると、安孫子本部長だ。いや元本部長か。

この人はうちの会社の創業メンバーの一人だ。今は役職定年だとかで、確か店舗の販売員になっていたと聞いていた。

でもその人がなぜか僕の机にどんと腰かけている。額にうわさ通りの迫力を醸し出している。

僕は恐る恐る声をかけてみる。

「おはようございます」

安孫子さんは机の上に広げた新聞から、ほとんど顔を動かさずに、じろっと視線をこちらに向けた。

目が合った瞬間背筋が伸びた。安孫子さんは新聞を畳み立ち上がり、少し頭を下げた。

「安孫子です。本日付けでこちらにお世話になることになりました。よろしく」

僕は嗚咽に近い声を出して、たじろいだ。安孫子さんはボソッと言う。

「あんた。ここの課長じゃないの？」

「課長……いえ、僕は係長です。溜池です。こちらこそよろしくご指導お願いします」

安孫子さんは少し顔を緩ませて言った。

「そうか。道理で課長らしくねえ、と思った。係長さんよろしく頼むぜ」

そう言ってまた新聞に目を通し始めた。

そして僕が鞄を持って立ちすくしていると、同じ課の楠野が出勤してきて慌てて駆け寄った。

「安孫子さんですね。私、楠野と申します。安孫子さんのお席はこちらになります」

用意されていた新しい机に安孫子さんを連れて行った。

「お、そうなのか。ここで十分だけどな。」

古い茶色い鞄を持ち、のしのしと新しい机に向かう。

安孫子さんは桜電機の創業時代に秋葉原のガード下の電設部品屋から全国展開チェーンにのし上げたつわものだ。確か社史には創業者と一緒に笑っている写真が数枚入っている。傍ら店舗展開にあたり裏稼業の方と付き合いがあるだの、彼の部下で1年持った人はいないだとかブラックな噂は後を絶たない。

創業者が引退し息子が社長になると安孫子さんは役職を降りた。というか降ろされたのだろう。ただ役職を降りてもあの調子だから、メンタル不調になった上司は片手では足りない数だと言われている。直近の上司がメンタル不調になったという噂も聞いた。最近は社内で「上司キラー」と言われている。でも僕は特段悲観をしていない。逆に少し面白くなったと思ったからだ。

いつもの朝礼が始まった。

野池は無理に作った笑顔で、朝礼で安孫子さんを紹介した。そして毎朝恒例のスピーチをはじめた。

僕はいつも通りメモを取るふりをしながら聞いていると、抑揚のついた低い声が聞こえた。

「ちょっとよろしいか」

課長は何が起きたのかと目をぎょろっとさせている。

「あんたのお話だが、もっともっぽいが、明らかに矛盾してねえかな。売り上げを上げろと言いながら経費は抑える？　そんな魔法のようなことができる奴はいねえ。リスク取ってどちらかに進めというのがリーダーってものだろう」

奴は顔を紅潮させて言った。

「安孫子さん、はは……私はですね。そういう気概で仕事に臨んでほしいと言ったわけです」

「そんなもの気概にもなっていねえな」

課長は手が震えている。

「ではいったんこれで終わります。安孫子さん、ちょっといいですか」

野池は安孫子さんを案内するように、頭をかきながら向かった。

これは面白い、と僕は心の中で拍手をした。まるで食物連鎖を見ているようだ。

こうして職場は、嫌な上司とその上司キラーが共同生活する緊張感が漂い始めた。

安孫子さんはというと、出社して新聞を読み、時にはパソコンを眺め、そしてスマホを見る。

勤務時間の半分を喫煙室で過ごしていた。

野池は安孫子さんがオフィスに戻ると入れ替わりに岡田を連れて面談室へ向かう。

まるでサバンナの草原を見ているようだ。

安孫子さんが来てから野池の発言は極端に減り、僕への攻撃もぴたっと止まる。指示のたびにその都度安孫子さんが突っ込みを入れたからだ。

いつも朝いちばんにやってくる野池の出勤時間が遅くなった。

僕はおかしなことに安孫子さんに時折昼飯をおごってもらえる。僕を喫煙室に連れていき、世間話をしてくれる。僕はたばこは吸わないのだが、武勇伝のようで面白いのでついていく。

そんなある日とんでもないものを見つけてしまった。

たまたま野池の机の後ろを通ったときに、開いたままのノートパソコンの画面には、メールの下書きらしきものがあり、僕の名前がそこにあった。好奇心で周りに奴がいないことを確認し、一歩近づき覗いてみると、人事部か上層部あての人事異動の依頼だった。

まわりくどい書き方だが、安孫子さんを他部署に移したいと書いていた。そのついでに僕もつけて……。その見返りとして補充はいらないし、新入社員を受け入れてもよいという内容だった。

つまり僕と安孫子さんは新入社員一人の価値もないということなのか？

あまりにカッときた僕は野池に直談判しようと見まわしたが、あいにく見つからない。安孫子さんがいたので僕は早口で状況を訴えた。安孫子さんと一緒に直談判すればさらに破壊力は増す。

安孫子さんは僕を喫煙室に連れていき、煙をクリーム色になった壁紙に当てるように吐き出した。

「まあ、あんたと俺はニコイチってことだな」

ニヤッとしながら言った。

「僕はこんな仕打ち耐えられません」

「俺は何とも思わねえぜ」

「え？」

「部下を動かすのは上司の特権だ。それに抗議してどうなる?」

「でもこれだけ自分の価値を否定されるともう……」

不覚にも涙が出た。


安孫子さんは僕に感心がないのか、煙をうまそうに吸い込む。

「耐えられねえか。それじゃあ一筆書いたらどうだい」

「退職届ですか…」

「世の中仕事なんて五万とあるぞ」

「そんな簡単にやめられたら苦労しないですよ」

「だろうな。わかった。じゃあ、俺がチャンスを作ってやろう」

安孫子さんはなぜか子供のような眼をしながら軽やかに言った。

僕は「何をするのか?」と聞いたが安孫子さんは意味深な笑みを返すだけだ。


そして一週間後、そのチャンス、いや事件は起きた。

打合せで外出から戻ったら、オフィスの様子がなんだかおかしい。

「どうしたの」

入社二年目の木原淳に声をかけると、小声でこう言った。

「岡田係長が退職したみたいです」

「え…岡田が……ウソだろ」

「いや今朝、退職代行会社からファックスが送られてきたそうなんです」

野池の方を見ると、部長と何やら相談している。どうやら噂は本当のようだ。

「どうしたらいいですかね。岡田係長にお願いしてた仕事だとかあるんですが」

木原も顔を曇らせた。

「大丈夫だ」

「本当ですか。何かあったら溜池係長に相談してもいいですか」

「もちろんだよ」

久しぶりに聞いた自分が必要とされるこの言葉に、不覚にも涙が出そうだった。

野池は初めて僕にお茶を入れた。そして岡田の退職届を受理したことを聞いた。

「岡田の後任は人事部に依頼するが数か月先になりそうだ。その間、君に兼任してもらいたい」

野池の顔からは生気を感じなかった。気の毒に感じた。そう感じた瞬間、形勢が逆転したことに気付いた。

今や僕だけが野池の最終兵器になったわけだ。

後に聞いたが、社内では僕と野池の苗字から「イケイケコンビ」と挙動が注目されていたらしい。

野池はしきりにため息をついている。しかし意外なことに少し前まで感じていた「ざまあみろ」という気持ちはなくなっていた。

面談室から戻ると安孫子さんが俺を手招きで呼んでいる。

まるで吸い寄せられるかのように近づくと俺の方に手をまわし耳元でささやいた。


「おめえ、このチャンスを逃す気じゃねえだろうな」


え？　まさか、この人が岡田を消した犯人なのか？

ぎらついた額のしわを僕は見ていた。

さらに恐ろしさが倍増したが、少なくとも僕にとってはピンチではなくチャンスのような気がした。まあ、あくまでも幽霊だとしても、この状態を助けてくれるなら味方である。

MISSION

あなたはこれから溜池係長となり、課長との信頼関係を構築してください。

あなたの置かれている状況

株式会社桜電機は、首都圏を中心に家電量販店を展開する、業界では3位の企業です。圧倒的な品ぞろえに強みを持ち、購入時の特典やアフターサービスが支持され、安定的な成長を遂げてきました。ただし、昨今はライバル企業との競争激化やネット通販会社の参入で、売上は下降傾向に転じました。

あなたの名前は、「溜池　真」です。

現在、販売促進課で係長を務めています。あなたは8年前に入社して以降、店舗の販売担当として一通りの部門を経験し、接客マニュアルの作成やアルバイト育成に積極的に取り組み、会社の業績に貢献してきました。その業績が評価され、昨年販売促進課への異動と同時に係長に昇進しました。

本日は7月24日（木）で、現在の時刻は午前11時です。昨日あなたは有給休暇を取っていました。本日、急きょ店舗応援からもどり、本社で上司の指示や受信したメールを、出かける前にできるだけ処理しようと考えています。

販売促進課の岡田係長は退職してしまい、部下は会議中もしくは外出中で2時間ほどは事務所に戻ってきません。しかし、同僚や部下には伝言のメモやメールを残していくことはできます。課長から話しかけられた際や、電話がかかってきた場合には直接返答することも可能です。もう一度確認します。

現在の日時は２０ＸＸ年7月24日（木）11時です。あなたはこの部屋を12時には出なければなりません。つまり、60分の間に案件を処理しなければなりません。

また、明日も店舗応援のため7月25日（金）の午後まで会社に出勤することはできません。出張中は外部との連絡を一切とることができません。

以上のあなたの置かれている状況を把握した上で、これからの案件処理に当たってください。

※この問題集を無断で複製・コピーすることは禁じられております。
使用する場合は、株式会社インバスケット研究所にお問い合わせください。

資料1 ｜ あなたの上司である課長の特徴

野池　保　年齢39歳

- 仕事には完璧さを求める。自分自身も朝は誰よりも早く来て、全員が帰社した後に帰る性格
- 良い大学を出たことを鼻にかける
- 失敗やリスクが大嫌い
- ルールや規則に厳格で、部下には自身のように辛い経験を歩んでほしいと考えている。
- 趣味は昆虫採集、自身の部屋には1,000種を超える昆虫の標本を飾っている

資料2 ｜ 会社概況

会社概要

会社名	株式会社桜電機
本社所在地	東京都千代田区外神田1丁目47
創業	1950年9月14日
従業員数	6,544名（臨時従業員を含む）
代表者	代表取締役社長　桜木　隆太
資本金	97億8000万円
事業内容	パソコン・OA機器、AV機器、カメラ等の販売
店舗数	187店舗（東北13店舗　関東72店舗　東海28店舗　関西41店舗　九州33店舗）

会社沿革

1950年9月	秋葉原にてラジオ部品を販売する桜木電気商会を設立
1951年1月	露店整理令により鉄道ガード下に移転
1951年4月	家電専門店として現本社の外神田に移転開業
1956年4月	屋号を「桜電機」に変更　訪問修理サービス開始
1965年8月	秋葉原2丁目に2号館を開業
1970年3月	秋葉原地区で3店舗目のテレビ館を開業
1976年10月	初の郊外型店舗　高井戸店を出店
1980年4月	テレビショッピング「さくら通販」をスタート
1983年11月	東証二部に上場
1986年6月	50店舗体制に　物流センターも関東関西に設置、サービスを強化
1991年4月	さくらポイントカード開始　関西初出店
1996年12月	100店舗体制に　九州地場のファイン電気を吸収合併
2000年4月	配送部門を子会社化「桜配送株式会社」設立　創業50周年キャンペーン開催
2003年1月	サッカーチームの東京シグマFCの公式スポンサーになる
2004年12月	通産省次世代デジタル推進優秀企業賞を受賞
2005年4月	北海道初出店　全国チェーンとしてキャンペーン実施
2009年5月	150店舗体制に　顧客管理システム「桜ネットシステム」を稼働
2012年3月	子会社桜クレジット開業　金利負担ゼロ円キャンペーンを開催
2015年9月	家具を販売開始　家具と家電の「桜リビング四日市店」を開設
2020年4月	経営体制を刷新　現社長桜木隆太の経営体制に

資料3 ｜ 全社組織図

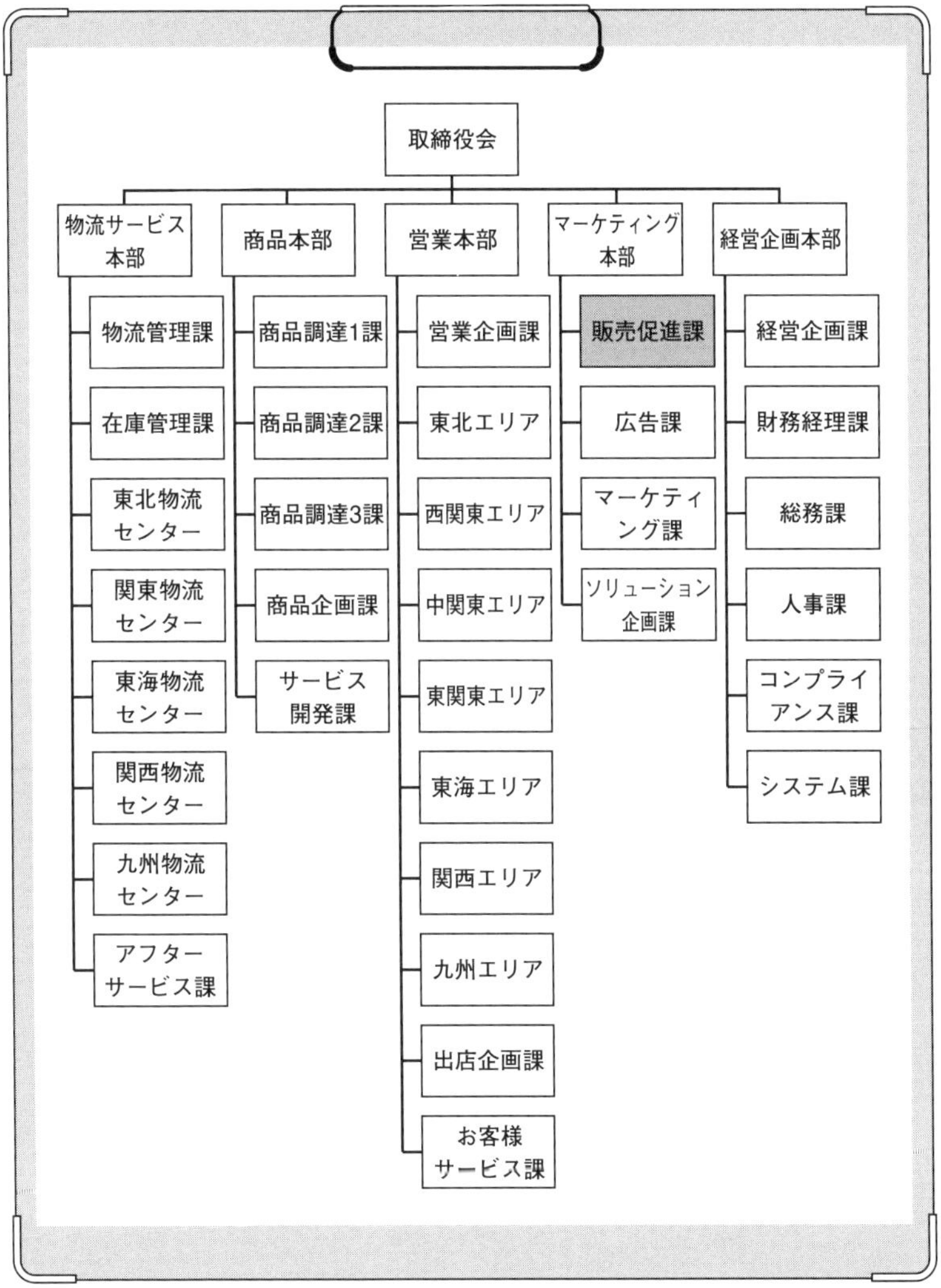
取締役会
物流サービス本部
物流管理課
在庫管理課
東北物流センター
関東物流センター
東海物流センター
関西物流センター
九州物流センター
アフターサービス課
商品本部
商品調達1課
商品調達2課
商品調達3課
商品企画課
サービス開発課
営業本部
営業企画課
東北エリア
西関東エリア
中関東エリア
東関東エリア
東海エリア
関西エリア
九州エリア
出店企画課
お客様サービス課
マーケティング本部
販売促進課
広告課
マーケティング課
ソリューション企画課
経営企画本部
経営企画課
財務経理課
総務課
人事課
コンプライアンス課
システム課

資料4　部署組織図

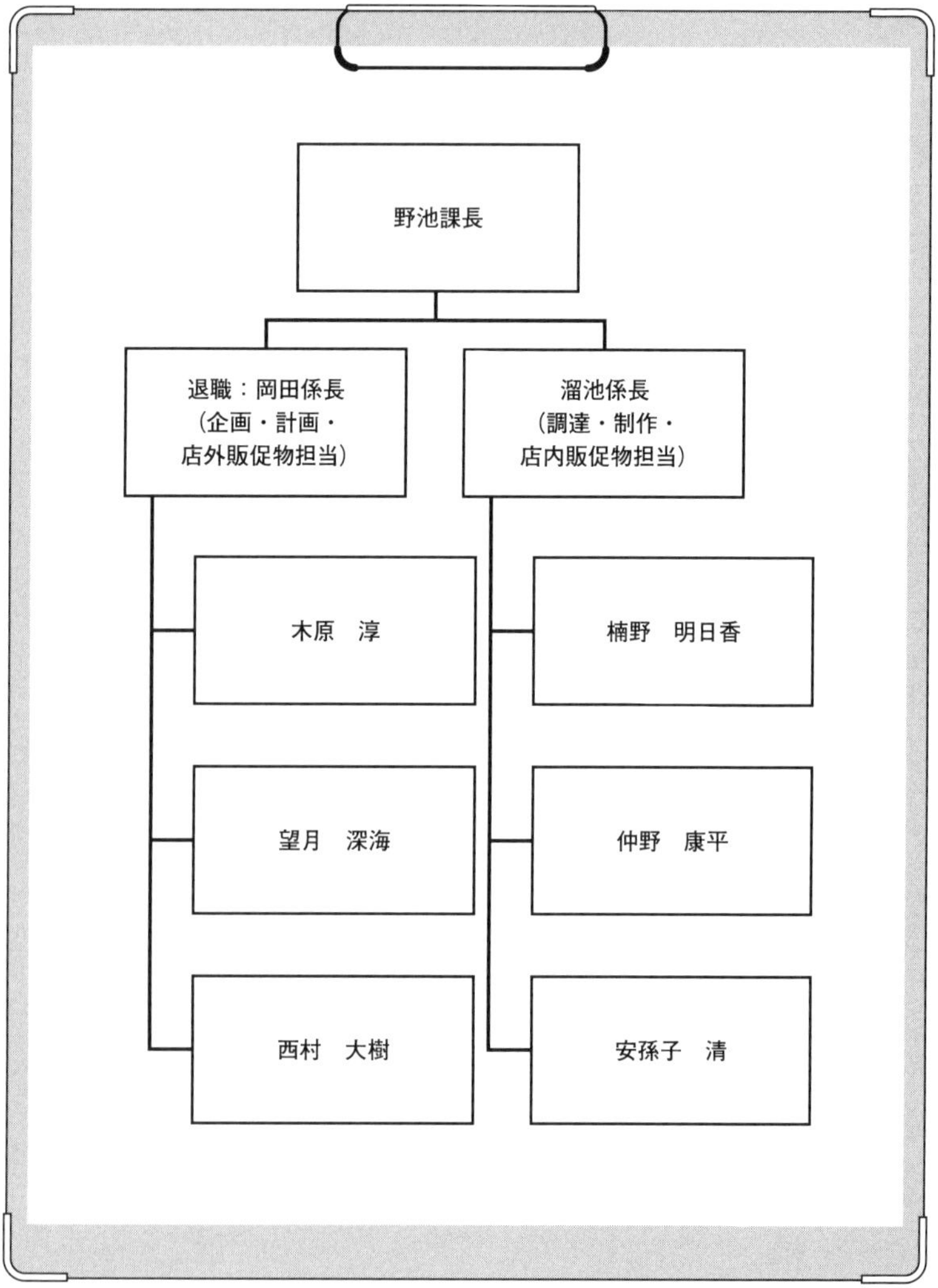

野池課長
退職：岡田係長
（企画・計画・
店外販促物担当）
溜池係長
（調達・制作・
店内販促物担当）
木原　淳
望月　深海
西村　大樹
楠野　明日香
仲野　康平
安孫子　清

2章 1

「俺は知らん。だから払わん」

案件1

差出人	販売促進課　野池課長
題名	Re：ポータブル電源キャンペーンの報告
宛先	販売促進課　溜池係長
CC	
送信日時	20XX年7月23日　9：36

この件ですがさきほど部長から指示があり、来月予定のポータブル電源キャンペーンのポスターは不要とのこと。

どうして納品される前に部長に確認しなかったのかなあ。

僕がいいと言っても部長が承認しないと意味がないのはわかっているでしょう。

取引先と調整し請求が発生しないようにしておくように。


----------------------以下返信元メール----------------------

差出人	販売促進課　溜池係長
題名	ポータブル電源キャンペーンの報告
宛先	販売促進課　野池課長
CC	
送信日時	20XX年7月22日　17：38

野池課長

お疲れ様です。

先日課長にチェックいただいた来月のポータブル電源購入キャンペーンのポスターですが、なんとか取引先に納品を間に合わせてもらいました。

今週中に配布先をご指示いただければ、今月中に納品可能です。

溜池

あなたならどうする

A 部長に直談判して通してもらう。

B 課長にお詫びし業者に請求しないようにお願いする。

C 今回の件は自分の確認ミスなので、今後は細かく確認を取ってもらう。

Good Choice!

上司との関係性をよくするなら**C**です。

POINT

【擦り合わせ】

お互いのほころびを無くす

解説

上司から理不尽なことを言われることは、仕事をしていると必ずといってよいほど、よくあることです。

理不尽の言葉を分解すると「理」とは物事の道筋や断りなどの意味があるそうです。そして不尽とは「尽くさない」という意味だそうです。

これらが合わさると理不尽となり、周りの理屈に合わない行動ということになります。

「言われた通りに作業したのにやり直しを指示された」

このような状況であれば、本来は褒められたり評価されるのが一般の理屈なのに、正反対の労務を課せられたという状況になり、理屈に合わない行動となりますね。

ですから悲しさや虚しさ、時には怒りを覚えるわけですね。

上司を尊敬していた方でも、たった1つの理不尽な指示で、上司の人間性を疑い、不信感を持つこともあるかもしれません。

このような理不尽なことが発生すると、なかなか頭の中から消えませんし、再び上司を尊敬するところまで戻すのは大変です。

ですから上司との関係性をよくするには、理不尽な状況が起きないようにすることがベストな選択です。


まず、そもそもなぜ理不尽なことを言われるのでしょう。

要因を大きく3つに分けました。


1つめが**上司の資質に関する理不尽**です。

例えば感情コントロールが上手ではないだとか、部下に責任を擦り付けるなどの性格的なものです。

はっきり言ってこの部分は私たちでは変えにくい部分です。

2つめが**部下、つまりあなた側の問題**です。被害者感情が強いだとか、時には勘違いや誤解などもあります。
もちろんあなたに非がないという前提で考えますので、この部分は飛ばしましょう。

3つめです。

私はこれが最大の原因だと考えます。

上司とあなたが持っている認識のずれです。

先ほどの、言われた通りにやったのにやり直しを指示されたというケースの場合、その多くが上司と部下の間における、結果の「合格ライン」が異なることから発生します。

上司側は「自分がOKを出しても、その上の上司にもOKを取るのがふつうである」と認識しています。この場合、部下がその認識とずれていると「当たり前」がかみ合わなくなる現象が起きるのです。

認識とは「良い悪いを判断する物差し」だと思ってください。

私たちは自分の物差しが「常識的なもの」としてとらえる傾向があります。

ただ、ほかの人は別の物差しをそれぞれ持っています。

例えば、ネットでレストランやホテルの口コミを見ていると興味深いものがあります。ほとんどの方が「素晴らしい」と評価されている一方、必ずと言っていいほど酷評している方もいらっしゃるのです。

特に上司という個性的な生き物は物差しも個性的です。

ですからあなたの物差しと合致することの方が珍しいわけです。

物差しの違いが生み出すのは理不尽だけではありません。

「これだけやってくれるとは思わなかったよ。ありがとう」

このように言われて、「え、大したことないのにな」と感じたとしたら、それもまた物差しの違いなのです。

つまり物差しのギャップが職場では「やり直し」もしくは「感動」を作り出すのです。

ですので、**一緒に仕事をする上司や同僚とはあらかじめ物差しを一緒の尺度にすることが大事**なわけです。これを「擦り合わせ」と言って、良い悪いの基準を同じに近づけることが目的です。

擦り合わせは、ミーティングや確認会などで行います。

今流行っている1on1などもそれにあたります。

本来擦り合わせは上司から能動的に行うべき行動ですが、上司も忙しいので、この行動を省く方が少なくありません。

そもそも関係性がよくない部下との擦り合わせはストレスを感じるものですから、さらに意思疎通の機会を上司は避けることがあります。

しかし、上司と良い関係性を作る方は、この擦り合わせの時間を作るのが上手です。嫌な上司ほど擦り合わせを定期的に行うことで、今進めている仕事に横やりも入らなくなりますし、ダメ出し、やり直しも激減するからです。

擦り合わせは、毎日でなくても結構です。

むしろあまり顔を合わせたくない、言葉を交わしたくないのであれば、まとめて一週間に一度でもいいと思います。

私も一週間に一度、一人当たりに30分ほどその時間を「擦り合わせ」に当てています。

こうすれば上司としても部下が何をしているかわかり安心しますし、報連相しにくいことも、この場で聞くことができます。

上司が忙しいのなら、要点を押さえて10分でも十分です。

仮にどうしても擦り合わせをしないという上司にはどう対応すればよいでしょうか？

「今進めている仕事で、問題があるのですが……」などと、相談や経過報告を投げかけてみてもいいでしょう。

上司は「不安」が大嫌いな生き物ですので、不安の影を与えると相手から時間をとって確認してくるはずです。

そしてこの擦り合わせは定期的に継続して行うようにしたいものです。

仕事がうまくいきだすと「物差しの尺度が合ってきた」と擦り合わせを省く方も出てきます。

ただ、擦り合わせをしなくなるとまた徐々に尺度がずれ始めます。

いちいち面倒くさいのですが、いちいち話し合うことに意味があります。

そして継続すると、お互い擦り合わせをしないとなんだか気持ちが悪くなる、このような状態が理想です。


今回の案件は擦り合わせが十分でないことが原因です。今後同じことを起こさないためには、お互いの擦り合わせや確認のルール決めをすることで仕事をスムーズに進め、上司とのうまい関係性を築きあげることが、とるべき行動なのです

俺に近づくな

案件2

現在の状況

あなたは現在、明日が期限の仕事を3つ抱えています。

また、あなたは先日課長と口論になり、それ以降口をきいていません。

企画書を作成するにあたり、必要な資料が課長席の後方のキャビネットに入っています。

あなたならどうしますか？

あなたならどうする

A 挨拶をして資料を取る。

B 部下に指示をして資料を取りに行かせる。

C 課長が席を離れるまで待ち、タイミングを計る。

Good Choice!

上司との関係性をよくするなら**A**です。

POINT

【接触力】

相手に敵意がないことを伝える方法

解説

『挨拶』は大事です。

でもなかなかできていないなと、私自身も気づくことがあります。

とくに関係性がよくない相手だと、できるだけ接触を避けますし、挨拶どころか、できれば目も合わしたくないでしょう。その気持ちはわかります。

ですが、私はあえてこのような相手だからこそ挨拶はしておいた方がいいと思います。

なぜなら挨拶には〝敵意をなくす〟という効果があるからです。

私の趣味は釣りですが、祝日の防波堤などは大混雑していて、まるで満員電車の中から釣竿を出していくらいの密接になることがあります。

誰しもゆっくりと釣りをしたいので、これではストレスになり、時には隣の方と口論している方も見かけます。

隣の方と釣りの仕掛けが絡み合ったり、話し声がうるさかったりなどが原因ですね。

レジャーに来ているのに、これでは逆にストレスが溜まりそうです。

しかし、関係性を作るのが上手な方はこのような状態にはなりません。

その方が取っている行動が「挨拶」です。

「おはようございます。お隣よろしいですか」

このような声掛けをしておくと、お隣の方と仕掛けが絡まっても、争いにならず、ついでに仕掛けについてのアドバイスをもらえたりすることもあります。

トイレなどで釣り場を離れる際も「さっきアタリがあったみたいだよ」と教えてもらったこともあります。

極端な事例ですが、挨拶が命を救ったというお話もあります。

以前、新幹線で無差別殺傷事件が起きました。

犯人は「誰でもよかった」と話したそうですが、犯人の近くにいた女性は助かったそうです。

そうです。生死を分けたのは「言葉を交わす」という行動だったのかもしれません。

心理的安全性というキーワードを昨今よく聞きます。

これは自身の発言を否定されたり、攻撃を受けるかもしれないという恐れや羞恥心がない状態で、自然に自分の意見を出せる環境を指すのだそうです。


ですから、今回の案件では接触を避けるのではなく、接触する機会ができたと思い、自ら資料を取りに行き挨拶をしましょう。

どうせ挨拶をするのなら「あいさつ」の基本を実行すれば、なお最高です。

「あいさつ」の基本とは

「あ」明るく
「い」いつも
「さ」先に
「つ」続けて

です。


挨拶は「あなたに敵意はありませんよ」という意思表示なのです。

たとえ相手が挨拶を返してこなかったとしても、それでいいのです。

相手は少なくとも挨拶をして「敵意を増やすことはない」からです。

さらに一歩進んで上司との関係の間で心理的安全性を作るには、相手より先に「挨拶をすること」

も大事です。

今回の案件でも資料を取りに行くというきっかけを使って挨拶をしたいものです。

挨拶をしたということは「好意」を示すというよりも「敵意」がないことを伝える行動ですので、相手にとってもデメリットではありません。

上司という生き物は頑固な生き物ですから、あなたがリードして「大人の行動」をしてあげてほしいのです。

挨拶は先にする方が気持ちがいいですし、先手を取った優越感を感じることもできます。

どうでしょう。少し勇気を出して「あいさつ」の基本を思い出してみてください。

上司とうまくやっていくには、まず上司を敵に回さないことです。

そのためには、こうしたメリットのある「挨拶」を実践したいものですね。

2章 3

来週までの仕事やっぱり本日中ね

案件3

野池課長から声をかけられた

「あのさあ、来週中でいいと言っていたオリジナルランチョンマットの在庫確認なんだけど、悪いけど今日中にできるかな。明日の会議で報告したいからさ」

※現状

全店舗に在庫の確認を今週中締め切りで依頼しているため、全体の3割くらいしか在庫数の報告が上がってきていません。

あなたならどうする

A 急に期限を変更されても困ると伝える。

B 今日中であれば3割くらいの店舗の集計ならできる。正確な数字は来週中であれば出せると伝える。

C 上長の指示なので了解する。部下と手分けをして電話で全店に在庫数を確認させ、できるだけ正確な数字を報告する。

Good Choice!

上司との関係性をよくするなら**B**です。

POINT

【自己主張力】さわやかな自己主張の仕方

解説

朝のウォーキング時に英会話の勉強を目的にスマートフォンで聞いています。

その中でこんなシーンがありました。

レストランで男性がオーダーした料理をみて、店員さんに声をかけます。


「この料理を別の料理に変更したいのですが」

「料理に何か問題でもありましたか」

店員さんは聞き直します。

「じつは私の食べられない食品が入っているのです。私はアレルギーなのです」

「それはお気の毒ですね。もちろん変更はできますが、ただし料金がかかってしまいます。なぜならメニューには明確にその食品を使っていることは書いていますので。いかがしましょう」
「なるほど、それについては謝ります。しかし、私はこの料理を食べることはできないし、お金もないのです」

これを聞いていて英語の勉強にもなりますが、自己主張の仕方が外国の方は上手だな、と思いました。

私がお客ならどう対応するか。
自分のミスだから何も食べずに我慢するか、そして帰りに「食事はいかがでしたか?」と聞かれると「美味しかったです」と言って帰ることでしょう。

逆に店員だったらどうするか?
おそらく困惑しながら「それは無理」というかもしれません。

どちらもこの英会話からすると私自身も自己主張力を鍛えねばと感じました。
前者の我慢は「自己犠牲」ですし、後者の突っぱねは「攻撃的」です。
確かに周りからこの状況を見ていても気持ちの良い状態ではありません。

さてシーンを職場に戻しましょう。

上司とうまくやっていくには、「上司を敵に回さないことが大事」と述べてきました。しかし職場では、上司から理不尽なことを言われることもあるとお話をしました。「指示された通りにやったのにダメ出しをされた」

このような経験は、私にもあります。

皆さまは、このような理不尽なケースに遭遇したら、どのように対処しますか？

多くは、3パターンあると思います。

まずは、**反論する方法**です。

指示の内容のメールなどを上司に送り付け、「間違ったことはしていない」と主張するわけです。

2つめは、**泣き寝入りする方法**です。

自分の主張を抑え込み、自己犠牲でことなきを得る方法です。

「自分が悪かったんだ。自分が我慢すればことは収まる」。こう考えながら作業をやり直します。

これだと上司を敵に回すことはありませんが、自分のストレスは増加します。

この2つは先ほどの英会話の話からすると両者が気持ち良い状態にはなりません。ですから英会話のような自己主張をお勧めしたいのです。

それが3つめの**「相手を敵に回さず、自分の主張を伝える」**方法です。

そんな神業ができるのかと思われるかもしれませんが、案外簡単です。

①相手の言い分を聞く。
②そして一旦受け入れて返事をする。
③それから自分の主張を明確に伝える。

この流れです。

今回のケースでは、まず上司の依頼を最後まで聞く。そのうえで「やる」という受け入れの言葉を入れる。それから自分の主張を伝える。という選択肢Bの流れがよいでしょう。

大きなポイントは「できない」「無理」という否定の言葉を使わないことです。

このように受け入れることで、相手はあなたの言い分を聞く体勢に変わります。

こうすることで相手も受け入れてもらう自分も、意見を伝えることができるという「WIN－WINの関係」が成立します。

ほかの選択肢に目を向けると、Aは自分の主張を明確に伝えていますが、上司側としては否定された感じを持つので、WIN－WINの関係になっていません。

Cの選択肢は上司の指示を受け入れ、上司は気持ちよくなるかもしれませんが、あなた自身がストレスを溜め込む自己犠牲の形になり、これもWIN－WINになっていませんよね。

この、相手にも気を悪くさせず、かつ自分もストレスを感じさせない自己主張の仕方はすぐにできるとは言いませんが、少し言い方を変化させるだけで近づいていきます。

Aは攻撃的でありCは受動的です。Bは自分の主張も伝えながらも相手の意見を否定はしていません。

大事なのは、相手を論破することでも、自分を偽ることでもないということを、頭の片隅に入れておいてください。

スマートな自己主張で技術を磨いて、周りがみんな幸せになるゴールを探してみましょう。

4 そんな細かいこと報告するな

案件4

差出人	販売促進課　野池課長
題名	溜池係長へ
宛先	販売促進課　溜池係長
CC	
送信日時	20XX年7月23日　8：54

昨日の日報を確認しましたが、取引先のシグマ企画の担当が変わっただとか、熊本店の店長がクレームを言ってきただとか、そんなこと報告不要です。

私は販売促進課の課長であり、あなたが思っているほど暇ではありません。

改善願います。

あなたならどうする

A

自分は大事だと思ったから報告をしたと自分の意思を伝え、そのうえで今後は報告事項を大きなトラブルのみとする。

B

基本的に報告する事項は変えないが、どうしても報告が不要であることは簡潔にまとめて伝えるようにする。

C

何を報告するべきか課長に基準を決めてもらい、今後はその報告基準に従い報告をするようにする。

Good Choice!

上司との関係性をよくするなら**B**です。

POINT

【報連相】

いらないと言われてもめげずに報告せよ

解説

報連相とは「報告」「連絡」「相談」の略語です。

上司から叱られたケースを思い出すと、この「報連相」が関連していることが多かったのではないでしょうか?

上司は不思議な生き物です。

「なんでも報告せよ」「報連相は大事だ」と言いながら報告すると、「そんなつまらないこと報告するな」と言い放ちます。

それで報告の回数を減らすと、次は「そんなこと聞いていない」と激高することもあります。

まるで漫才の掛け合いのようです。

しかしこれが上司という生き物の特性なのです。

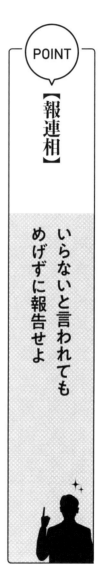

「報告を受けるのはめんどくさいが、報告をされないのは許せない」

1行でまとめるとこうなります。

ですから、**結論としては「細かく報告せよ」があなたへの助言**になります。

なぜなら、細かい報告をして受けるあなたのダメージと、しないで受けるダメージでは雲泥の差があり、圧倒的に報告をする方がダメージが少ないからです。

たかが報告と思われる方もいるかもしれませんが、実は報告とは重要な意味を持ちます。

私は、ビジネス世界では「無銭飲食」並みの大きなトラブルだと思います。

食べるだけ食べておいてお金を払わずお店を出る行動ととられると、店主は怒りますよね。

たとえそれが「忘れた」「つい」であっても……。

「なぜ報告をしなかった」という上司の言葉の裏には大きな不信感が存在します。

不信感を言葉にすることはないとしても、信頼関係に良い影響は与えません。

信頼関係が悪化すると仕事も増えます。「あの件どうなった」と報告を催促されることもあります。

これはレストランでいう「お金を先に払ってもらわないと調理をしない」という状態にあたります。

ですから、**報告するべきかどうか迷ったら、自分から報告をするべき**であると言い切ります。

ただでさえ情報共有の遅れはチームにとって命取りになります。

報告をして「うるさく」思われるほうが、報告をしなくて失う信用より軽いからです。


ここで考えたいのはどうすれば上司に報告を入れても「うるさく」思われないかです。

参考としてほしいのは無料の動画サイトや音楽サイトです。

ここでは広告を見たり聞いたりしなければいけませんよね。でも実にうまく広告を入れていると思いませんか？


まずまとめています。

長い広告が流れると誰しもストレスに感じます。だから簡潔にまとめられています。

また流れに沿った広告が流れます。いきなり見ている動画の印象を壊すような広告は出ません。

勉強する動画ならそれに即したものが出てくるはずです。

流れに乗った広告は違和感がなくスムーズに入ってきます。

そして感覚です。広告が終わって動画が始まり、すぐに広告が入ることはありません。

動画の切り替わるタイミングだったり、少し時間を空けて入ります。

つまり、細かい報告も、

「簡潔にまとめる」

「流れに沿って報告する」
「報告のタイミングを図る」

これだけでずいぶんと「うるさい」とは言われなくなります。


今回のケースでは選択肢Bがそれにあたります。

簡潔にまとめるには箇条書きがよいでしょう。

つい発信側は100％伝えようとしますが、ネットニュース記事のタイトルをイメージしてまとめてみてください。

流れとは話題に沿うことです。人事異動について話題になったときに「取引先の担当も異動になった」と雑談を交えて伝えるわけです。

タイミングとは相手が報告を受けそうな状態を探るわけです。間違っても会議5分前だったり、出勤してすぐというのは避けた方がいいでしょう。相手は報告を受ける体制が整っていないからです。

これだけ気を使っても、報告をした上司から「そのくらいで報告するな」と嫌味を言われるかもしれません。

しかし、上司との関係性をよくしたいのなら、**こまめに報告魔になる方が得策**なのです。

案件5

差出人	出店企画課　山村課長
題名	お疲れ様です。
宛先	販売促進課　溜池係長
CC	
送信日時	20XX年7月23日　10：24

溜池係長へ

今回は少々驚きました。

千葉の千代田店新規オープンの資材がオープン3日前になっても到着しないので確認しましたが、九州の千代鶴店に行ってしまっているとは思いませんでした。

でも今回は何とか間に合いほっとしました。
まあ、溜池さんの頑張りもあり、ことなきを得たことをお伝えします。
対応感謝します。
次回からはよろしくお願いいたします。

あなたならどうする

A 今回の件をヒヤリハットとして自身の反省と改善点とする。

B 山村課長に直接謝罪にいき深くお詫びと再発防止を約束する。

C 課長に報告し山村課長のところへ一緒に謝罪に行く。

Good Choice!

上司との関係性をよくするなら**C**です。

POINT

【根回し力】

根回し上手は仕事上手

解説

仕事にトラブルや問題はつきものです。

どんなに優秀な人であっても、問題を抱えていない人はいません。

そしてつい周囲や上司に迷惑を掛けたくないので、自身で何とかしようと頑張ってしまいます。

特に上司にいらぬ心配を掛けたくないという優しい気持ちをお持ちの方も多いと思います。

しかしその**優しさが時には仇になってしまう**というのが、今回のケースで気付いていただきたい内容なのです。


トラブルや問題が無事収まったとしましょう。しかし、バーベキューの炭のように赤くはないがほじくれば真っ赤に燃えだすこともあるわけです。

あなた自身が上司に迷惑を掛けたくないという想いはとても大事で尊重するべきですが、トラブルが大きくなって、結果的にどうしようもなくなってから報告を入れると、上司は驚き戸惑います。

上司が困らず、あなた自身の信用を落とさないためには、今回の案件ではやはり上司である課長に報告をして、該当部署にお詫びを上長と一緒にするのが上手な仕事の進め方です。

もちろんこの行動をとらなくても何事もなく進むかもしれません。

ただこの先、少しでも障害が発生するケースがあるのであれば、その**根を摘んでおくというのが上司との関係性を上手に保つ人の行動特徴**なのです。

この行動をインバスケットでは「根回し」と呼び、計画組織力として評価します。

根回しの方法は、とても簡単です。

〝報連相〟をこまめに行うこと。ただそれだけです。

前項で報連相はこまめにとお話ししましたが、今回のポイントは**ネガティブな報告ほど早く細かく念のために行う**ということです。

失敗した、もしくは揉めそうな火種などは、積極的には報告したくないものです。

それは悪い報告や相談をするのは気が進まないという理由と「ひょっとしたら事態が好転するかも」と期待してしまい、悪い報連相を先延ばしにしてしまいがちだからではないでしょうか。

もちろんそうなればハッピーなのですが、報告は早ければ早いほど質が良い報告と言えます。時間がたってからの報告は同じ内容であっても、ことを深刻化させてしまうものです。

ですからここは考え方を変えて、〝大丈夫かもしれないけど念のために報連相しておく〟と考えてみてください。

上司という生き物は案外繊細なもので「びっくりすること」が苦手です。

あえて言えば「びっくりすること」が起きているのではと、いつもびくびく心配しています。

ですから、火が付いた状態で報告されると、かなりの衝撃を受けてからの対応となってしまいます。

したがって、早めに〝報連相〟という緩和剤を1つでも入れておくと衝撃は和らぎます。

根回しはトラブルだけではなく、何か新しいことをしたいと思ったときや、何かを改善したいと考えたときも使えます。

「こんなことをしようと思っています」と上司に前もって話しておいてください。

そうすると承認してもらえる率は格段に上がります。

良いアイデアや企画であっても、突然会議の場で提案されたり、実行されると上司は困惑するからです。

あなたも「聞いていない」という上司の理不尽な却下理由を受けることなく、スムーズに仕事を進めることができるのです。

根回しの効果はお話ししましたが、併せて報告をしなかった影響もあえてお話ししたいと思います。

報告をしないというのはいくつか理由があると思いますが、大きく3つに分けられるのではないでしょうか？

まず、**「報告する内容ではない」**と考えたケースです。

これは「報告しなくても自分で解決できる」もしくは「報告しても意味がない」と考えた結果です。

次に**「報告を忘れた」**というケースです。

報告しなければならないが、目の前の対応や後回しにすることで報告する行動を忘れてしまったというケースです。

最後に**「意図的に隠した」**というケースです。

特に悪い事柄や自身の評価に関するものは、あえて隠したいという感情から来ることが多いものですね。

上司との信頼関係を大きく損なうのは、最後の「意図的に隠していた」というパターンです。もちろん隠すつもりはないとしても、上司からそう捉えられると不信感を持たれてしまいます。

この根回し的な報告を入れておくだけで、不信感も好感に変わる可能性が高いのです。

ですので、今回のケースは**収まっているように見えても正直に報告し、火種は完全に消しておく選択肢が長期的に見て良い行動**なのです。

念のための「根回し」は上司との関係性を保つために有効なのです。

2章 6

「至急集まれ」

案件6

野池課長から電話がかかってきた

「本日15時に全課員と協力会社の方を集められるだけ、本社3階の中会議室へ集めておくこと。大至急対応せよ」

(現在時刻は11：35です)

あなたならどうする

A　了解した旨を伝え、該当者に連絡する。

B　目的と所要時間、配布資料などを課長に確認したうえで該当者に連絡する。

C　社内ならともかく取引先には都合もあるだろうから、社内の人間だけ集める。

Good Choice!

上司との関係性をよくするなら**A**です。

POINT

【指示受け力】

語尾に注目すれば意図がわかる

解説

上司の気分は、山の天気のようにころころ変わります。

そして、声の掛けられ方もころころ変わります。

例えば名前の呼ばれ方も変わりませんか？

私も過去のある上司から「鳥原君」と呼ばれたり「鳥ちゃん」と呼ばれることもありました。時には「鳥原」や「マネジャー」と呼ばれたり「君《きみ》」という呼ばれ方もしました。

私はこの呼ばれ方でなんの用なのかがだいたい察しがつきました。

「君《くん》」や「ちゃん」は機嫌がよく、褒められたり、あまり急ぎではない仕事を頼まれる時、「名前」や「役職」で呼ばれる時は機嫌が悪く、叱られたり指摘をされることが多かったようです。

このように上司の言葉の使い方で、ある程度、意図が読めるようになります。

特に上司の指示の出し方で、どう対応するべきかも区分ができます。


とりわけ注目するのは指示の内容よりも語尾です。
・～してください
・～してくれるかな
・～やっておいてくれ
・～した方がいいかもな

いろんな語尾の表現があるものです。
この**語尾に注目すると、指示の意図を理解し、誤解することなくスムーズな関係性が構築できることがあります**。

上司との関係性を作るのが上手な方は、指示された時に内容と同時に、この語尾をチェックしています。そこから空気を読むわけです。

しかし彼らは、上司の心を見透かしているわけではありません。

指示を受けた際の語尾によって、詳細に確認した方が良いか、とにかく言われた通りに動いた方が良いかなどのアクションを変えているだけなのです。

例えば、「頼むよ」や「お願いできるか」などの語尾は依頼形と呼びます。

この表現は平常時によく使われる表現です。

『依頼形』の際には、確実に遂行できるように、確認を取って進めます。


逆に「~するように」や「持ってこい」という表現を命令形と言います。

『命令形』の際には、すぐに行動する方が無難です。

この語尾の時に詳細を確認すると「うるさい、言われた通りにしろ」と厳しい言葉が返ってくることがあります。

なぜなら上司にとって緊急かつ重要な事柄であることが多いからです。

ですからすぐに指示通りに動きましょう。もし疑問があれば後ほど確認すると良いでしょう。


つまりこの2つを押さえるだけでも、上司と無駄な衝突はなくなります。

『依頼形』は、平常時のお願い方法であり、『命令形』は、とにかく急を要するということです。

これを押さえると「コピーをお願いできるかな」と「コピーしろ」とでは指示の受け方が変わってくるわけです。


この2つの語尾以外にも「こうしたら良いよ」という助言型の指示や、「どうしたら良いと思う?」という問いかけが使われるときがあります。

ついつい、このようなことを言われると、「放っておいてほしい」と思われる方もいらっしゃいますが、非常にもったいないと私は思います。
なぜなら上司があなたに期待をもって教育をしようとしていると考えても良いからです。
ですからこのような『助言型』や『質問型』が来る際には、**「あ、期待してくれるのかも」と感謝して、その指示を実行するとさらに期待度が高まります**。

今回の案件の場合、はっきり言って指示の内容が不明確ですが、語尾が命令形なので重要度と緊急度は高いわけです。このような指示を出されたときには、内容を精査するよりも指示通りに動くことが求められます。

指示の内容を把握することも大事ですが、語尾や表情などで空気を読むことも忘れずに。それができれば、あなたは上司の使い方の達人です。

2章 7

君のせいで恥をかいた

案件 7

差出人	販売促進課　野池課長
題名	溜池係長へ
宛先	販売促進課　溜池係長
CC	
送信日時	20XX年7月24日　10：06

溜池君

いい加減にしてくれるか？
取引先の担当者が変更になったら報告くらいしてくれよ。
今日シグマ企画に電話したら、相手の部長から担当が変わったと聞いて恥をかいた。
できないなら僕がやるから言ってくれ。君に期待した僕が悪かった。

あなたならどうする

A 恥をかかせたことと期待に沿えなかったことを謝る。後日、前回報告した内容が伝わっていなかったかを確認し、伝わっていないのであれば報告の方法を変えてみる。

B 送った報告メールのコピーを見せて、連絡はしたと伝える。そのうえで水掛け論になるようであれば自分が悪かったと謝る。

C きちんと報告したが課長がいらない報告するなと言ったと事実を伝え、両メールのコピーを見せて逆に謝罪をしてもらう。

Good Choice!

上司との関係性をよくするなら**A**です。

POINT

【謝罪力】
ストレスを溜めない謝り方

解説

上司に叱られるとショックですね。

もちろん自分が悪いとわかっているときは上司に申し訳ない気持ちになりますが、特に自分の責任ではないときには、なぜ謝らなければならないのかと考えてしまいます。若い頃の私も、よく反論していました。


でもこのような時に**やってはいけないのが、反論して自分の正当性を主張すること**です。

たとえあなたの言い分が正しくても「言い訳するな」と一喝されるのがオチでしょう。

理不尽に感じられると思いますが、上司にも言い分があってあなたを叱責しているので、ここで意見が正面衝突すると、なかなか収まりがつかなくなります。

つまり人間関係の悪化は長期化するわけです。

ですから、**上司が叱責しているときは、まず『謝る』という行動を取ることが賢い選択**だと思います。

今回のケースではAとBの選択肢がそれにあたります。

ただし、非がないのに非を認めろというわけではありません。上司からの叱られるパワーをうまく受け流してほしいわけです。

まず「謝る」ことに抵抗があるのならこう考えてください。

謝るという行動は、必ずしも非があることを認めたということとイコールではないのです。

上司とうまく付き合っている方は、この謝るという行動を、自分のミスであると認める行動とは分けて考えます。

「自分は正しいのだが、上司が満足していないことに対して謝る」と考えるわけです。これが仕事のプロの考え方です。

先日、あるレストランのシェフが、

「お口に合いませんでしたか？　それは申し訳ありません」とお客様に謝っていました。

ああ、上手な謝り方だな、と思って聞いていました。これは、今回お勧めする謝り方と似ています。

自分の料理を否定したり、ミスを認めたりするのではなく、お客様が満足しなかったことに対して謝るのです。

「ご期待に添えなく申し訳ありません」

この言葉は一流の方の謝り方で、私はキラーワードだと思います。ぜひ使ってください。

次に上司の怒りの沈め方です。

あなたにはこんな経験はありませんか？

ちょっとしたミスを指摘して済ませようと思ったのに、相手の態度が気に入らず徐々に怒りが増大していく……。

これは上司にもよくあることで、最初はそれほど叱ろうとは思っていなかったのに、徐々に怒りが湧きあがってくることがあります。

今回のケースで言えば選択肢のBは、開き直っていると取られると、上司は怒りの感情に変わります。

つまり上司が叱っているときに、賢い部下はその怒りをまず受け入れ、言い訳をしません。

怒りを受け入れるというのは「聞き流す」のとは異なります。

上司が部下の態度で怒りを覚えるのは申し開きよりも「無表情」「無反応」です。

叱っている相手の表情や態度が全くないと、無視をされているようで自分の尊厳を傷つけられたような感じになるのです。

ですから、叱られた時は第一声で謝り、申し訳ない表情を相手に伝えることを忘れないようにしましょう。

まず、**うなずきは必須**です。

そして相手の目を見る、最後に声の一番強いところで目をつぶります。

このような表情をされると上司の方は、あなたは指導を受け入れてくれていると感じます。

つまり、怒りが増大しないうちに収める技を身に付けてください。

最後に叱られた後の自分へのフォローです。

叱られた内容が理不尽であっても、それはあなたの仕事の行動の一部に対して改善を求めているのであり、あなたのすべてを否定しているわけではありません。

上司が期待するのはあなたの行動の改善です。

たとえ的外れであっても、行動が変われば叱った側からすると嬉しいものです。

「次から報告の方法を変えます」という行動をとってくれると嬉しく感じるわけです。

叱られ損はいけません。この耐えがたき事態をマイナスからプラスに考え、成長のばねにして見せましょう。

「困った…どうしたらいい？」

案件 8

差出人	販売促進課　野池課長
題名	販促物
宛先	販売促進課　溜池係長
CC	
送信日時	20XX年7月23日　10：46

溜池係長へ

部長から最近の販促物は統一感もなくやたら多すぎる。だから商品が目立たないと指導されてしまった。

再来月からの創業感謝祭の店内装飾を一からやりなおすようにとの指示だ。

私にはまったく理解できない。

君が考えてくれないか？

あなたならどうする

A　3案ほど用意し提出する。

B　選りすぐった1案を提出する。

C　自分にはできないので断る。

Good Choice!

上司との関係性をよくするならAです。

POINT

【複数対策法】却下されない提案方法

解説

「せっかく提案したのに、上司にあっさり却下された……」という残念な経験が私には豊富にあります。

根拠のない自信をもって提案するから、また厄介です。

無駄な会議があったので、参加者の声をまとめて改善案を上司に持って行ったわけです。

もちろん木っ端みじんに撃破されました。

提案内容は正論でしょうし、裏付けも、そして代替案も持って行きました。なのに「それは必要ない」と一言で片づけられてしまいました。

その晩まで落ち込んでいたのを今も思い出します。

しかし、今は少し自分が勘違いしていたな、と感じます。

それは上司が悪いのではなく、私自身の提案方法に改善点があったことに気づきました。逆恨みはお門違いというわけです。

この項でご紹介したいのは**『複数対策法』**です。

先ほどの私の失敗例ですが、最大の失敗は上司に選択肢を与えなかったことです。

人は1つだけの選択肢は受け入れにくいという性質があります。

特に部下が上司に提案をする際に、1つだけ持ってこられても受け入れにくいのです。中身が素晴らしい内容であってもです。

あなたも子供の頃に、ご両親から「お風呂に入りなさい」と言われるより「お風呂か宿題かどちらかしなさい」と言われたほうが受け入れやすくはなかったですか？

それは「選べる」という自由度があるからです。

上司が企画を通さないのは、「それは良いものかもしれないが、確証がない」という理由が多いものです。

ですから、**上司に確証を持ってもらうために、他の案も用意し、選んでもらう**のです。

特にこの際のテクニックとしては、通したい企画と、ボツになる確率の高い企画を持って行くことです。

このボツを想定した企画を〝捨て案〟と呼びます。

捨て案を用意するだけで、通したい企画の採用率はぐんとアップします。

提案内容が良いかどうかを考えるのは、ストレスがかかるものです。そこを解消してあげることで上司のストレスはぐんと減るはずです。

今回のケースでは上司は自信を無くしているので、このような仕事が来るのはチャンスととらえてみてはいかがでしょうか？

「ありがとうございます。ぜひやらせてください」

今回の選択肢にはありませんが、こう言ってくれると上司は嬉しいものです。

そのうえでたくさんのアイデアを出し、それを絞り込んで3案くらいに絞るとよいでしょう。

たくさんのアイデアを上司に持っていく方法も有効な場合がありますが、あまり選択肢が多いと上司も選ぶのに困ることもあります。

また選択肢をある程度絞り込むと選びやすいという理論もあります。

『ジャム理論』と呼ばれるものです。

お店にジャムを24種類陳列したときと、6種類陳列したときの売り上げの相関を研究した理論です。

結論から言えば、24種類あるよりも6種類と少なくしたときの方が、売り上げは10倍になったというものです。

つまり選ぶということもストレスがかかる行動なのです。

ですから、上司に何かを選んでもらう際には、ストレスがかからないように絞り込んで、さらに一覧表などで選びやすくしてあげると喜んでくれるのです。

無茶ぶりをかわす**延期**という判断

案件9

野池課長から電話がかかってきた

「緊急業務命令だ。

本日中に来年以降の景気予想を日本中のシンクタンクや経済学者、大学の教授など発信文書からまとめるように。

また併せて世界各国との3年後までの成長予測の比較もよろしく」

あなたならどうする

A／わかりました、と引き受ける。そのうえであと一週間もらえたら、完璧な資料を作れると提案する。

B／無理だと断る。まず情報収集を一人でするのも限界があるし、物理的に不可能であることを根拠立てて伝える。

C／いったん引き受ける。できるところまでやってみて、作成途中でも本日中に提出する。

Good Choice!

上司との関係性をよくするなら**A**です。

POINT

【延長力】

仕事の質を高めるためにとるべき判断

解説

上司は無理を言う生き物です。

先ほども無茶ぶりの案件がありましたが、そこではさわやかな自己主張の方法をお伝えしました。

今回は別の角度でかわし方を伝授しましょう。

上司から無茶ぶりをされた場合、多くの方が取る方法は、「渋々受ける」「言い訳をしてできない方向に持っていく」。おおよそ、この2つではないでしょうか？

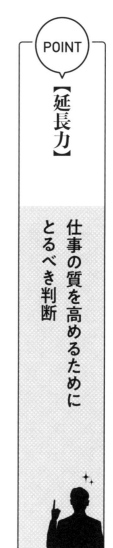

しかし、この2つの方法は、上司と良い関係を作る上では、あまりお勧めはしません。この理由は「案件3」のところでもお話ししました。

渋々受けたとしても結果が出なければ叱られますし、言い訳していったんはそらせたとしても、結局、無理やりやらされるのは火を見るよりも明らかです。


ではどうすれば良いのでしょうか？

ここは無茶ぶりをかわすというより、うまく引き受ける方向で進めていきましょう。

前項でもお話しししているように上司は感情の動物です。理屈よりもまずは無茶ぶりを言ったときのあなたの反応がとても重要なのです。

上司側も無茶ぶりとわかっているので、その無茶を拒否らない姿勢としては嬉しいものです。とはいえ、実際にできないと、あなたの信用に関わりますよね。

ですから、仕事を引き受けることができる状態に持っていきます。

そこで**『延期』という選択肢を提案してほしい**のです。

『延期』とは、判断や行動の期限を延長してもらうという判断です。

例えば、膨大な資料の分析を明日中に提出するよう、指示されたとしましょう。

この際、まず受け入れます。

「ハイわかりました」

そして、提案をします。

「期限は●●日までですね。この期限では、このレベルまでしかできませんが、◯◯日をもらえると良いものができます」

このように提案すると、上司は選べますし、部下も『できない』という意思表示ができ、ここで折衷案が生まれるのです。

今回のケースでは選択肢Aがそれにあたります。

この**延期という技を使う際には、延期できない時にリカバリー策を用意するのがポイント**です。

「期限内だとこのレベル。もし延長できるならここまでできる」。このようなイメージですね。

「この期限ではできない」ということを伝えているのですが、全く異なる伝わり方で、かつ上司も選べます。仮に期限内で指示をされても、作業負担は随分減ると思いますよ。

できる、できない以外の上司が受け入れやすい判断が延期です。延期を使う場合には、延期できない場合のリカバリーも必ず添えることが大事です。

2章 10

「親類に不幸があった」

案件10

野池課長から電話がかかってきた

「溜池君、すまないが明日午後の幹部会議、私の代わりに出席してくれないか？

突然で申し訳ない。実は先ほど、私の祖父が他界したとの連絡があった。

幹部会議は座っているだけでいい。資料は後ほどファイルで送る。それを読んでくれればいいのでよろしく頼む」

あなたならどうする

A

「わかりました。ぜひ出席させてください。嬉しいです。課長の代理を見事努めて参ります」

B

「そうですか、それは残念です。会議は出席させていただきます。お気を落とさないようにしてください」

C

「それは無理ですよ、何を言っていいかわからないですし、部長にお願いしてもらえないでしょうか」

Good Choice!

上司との関係性をよくするなら**B**です。

POINT

【感受性】

人柄のうまい出し方

解説

研修などでよくお聞きする上司の問題はたくさんあります。

中でも「人間味がない」「思いやりがない」など、業務の指示の中身より感情的な側面、つまり「人間性」に対してのお声が多いです。

確かに最近の管理職の方はよく働きますし、頭がよく正しく判断できる方が増えている印象です。

一方で伝え方が下手だなあと感じることも増えています。

一番の問題は〝正しいことだからどのような伝え方でも伝わる〟と思っている方が多いことです。

ですので、皆さんはその指示の出し方や伝え方で辛い思いをされるのです。

ただ、皆さんから上司の方へ伝えるときも同じことが言えるのです。

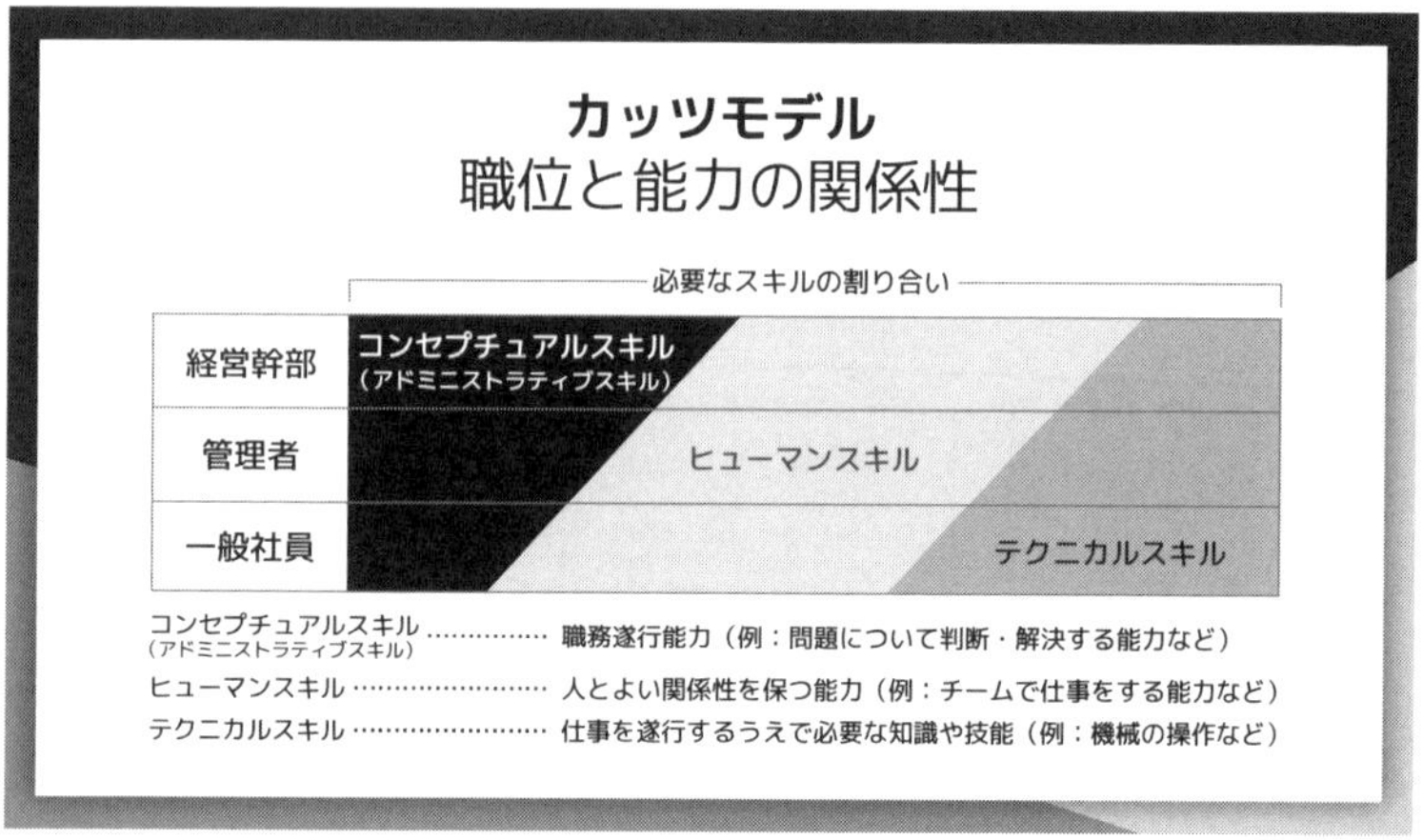

例えば、上司から無茶ぶりをされた際に「無理です」と伝えたとしましょう。

確かに物理的に無理なのかもしれませんが、上司の方はおそらく「そうか」と納得されないと思います。

なぜなら論理的に理解できたとしても人間は感情で判断をする動物ですから、「無理です」と唐突に返されると受け入れられないわけです。

正しいことであっても、相手が受け入れてくれないと、間違ったことを言っているのと同じになってしまうのは嫌ですよね。

そこで使ってほしいのが**『HSばさみ』**です。

インバスケットで、HS＝ヒューマンスキルは、相手を労ったり配慮したりする行動を指します。

ハーバード大学のロバート・カッツ教授が提唱した仕事に必要な3つのスキルの1つがこのヒューマンスキルです。

さらに興味深いことにほかの2つのスキル（テクニ

カルスキル、コンセプチュアルスキル）と違ってこの**ヒューマンスキルは、どの職位になっても高い比率で必要**であるとおっしゃっていることです。

つまり相手から信頼を得るには、あなたのよい人柄が必要であるということです。

今回の案件では相手に不幸があったとのことなので、まず「相手はどのような状況か」という問いを、まずは自分に対して投げかけてみてください。

そうするだけで何か言葉が出てくるはずです。

そうすると「嬉しい」という言葉より「悲しい」「残念」という言葉が出てきますよね。

それが相手からすると「気持ちをわかってくれている」と感じるわけです。

ですから、選択肢Aよりも選択肢Bを選んだ方がよいわけです。

このスキルは、相手に対して意思を伝える際に、潤滑油のような役割を果たします。

「無理です」

これにヒューマンスキルを入れます。特に前後に入れてみましょう。

「それは大変ですね。ただ難しいと思います。お役に立てず申し訳ありません」

無理の伝え方でも、あなたが上司だとしたら、どちらに好感を持ちますか？

伝えたいことの前後にヒューマンスキルを入れると、素晴らしい効果があらわれます。

ヒューマンスキルには様々な要素があります。まず『**配慮**』です。これは相手に配慮した言葉遣いです。

「課長のご指示なのでお受けしたいのですが」
「お力になりたいのは、やまやまですが」

また『**感謝**』という言葉もあります。

「ご指名いただいて、ありがとうございます」
「光栄です」

そして『**感受性**』です。これは相手が受け入れやすいような感情表現です。

「そのお仕事は、ぜひやってみたいのですが」
「お力になれず悔しいです」

多くの方が断り理由を考えることに重点を置かれます。

もちろん相手が納得する理由を考えることも大事ですが、それ以上に相手がどのような気持ちになるかを考えてみると、マイナスと捉えられる幅は少なくなると思います。

2章 11

明らかに古いやり方を押し付けられたときの対処法

案件11

差出人	販売促進課　仲野　康平
題名	ご相談
宛先	販売促進課　溜池係長
CC	
送信日時	20XX年7月23日　9：21

係長へ

課長の件ですがなんとか言ってもらえませんか。
さっき各店から桜Payの販促ツール要望数を集計していたところ、
課長から「なぜ電卓で再度計算をしない」と嫌味を言われました。

エクセルで計算してそのうえ電卓で計算するなど全く意味がないと思いますが、係長はどう思われますか？

どうしてもしろと言うならやりますが、無意味だと思って報告しました。

あなたならどうする

A 無意味なことはしなくていいと仲野に諭し、課長には古い仕事の進め方を若手に押し付けるのはいかがなものかと具申する。

B 課長もきっと再確認の重要性を伝えたかったのではないかと話し、課長に意図を確認する。

C 無駄だと思っても上司から指示を遂行することが、組織の中では大事なことだと伝える。

Good Choice!

上司との関係性をよくするなら**B**です。

POINT

【背景察知力】言葉の裏の想いに注目してみる

解説

昔は上司とよくお酒を飲みに行っていました。まあ上司と飲みに行くとあまり楽しくはないものですが、そこでいろんなことを知ることができました。

上司がその上の上司から厳しいことを言われていることや、自分のことをどう思ってどうしたいのかということなどです。

「今日の件やけどな、なぜあかんと言ったかわかるか?」

関西弁の上司はお酒を片手に語るように話します。

今日の件とは、私が新規事業の社内公募に応募したいと願い出た件です。

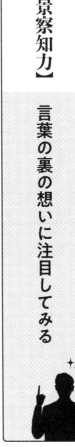

上司は私の進路を邪魔したいのだと誤解していましたが、背景は、実は私を別の役職に推薦したいと考えていたからのようです。

「俺はお前をプロにしたいんや。今が大事なんや」

上司とは勝手な生き物です。

本人の意見も聞かず、勝手にこうしたいと夢を膨らませるものです。そして部下はそれを言わずとも理解していると、さらに妄想してしまいます。ただ、少なくとも私の将来を軽視した行動ではないとわかりました。背景を知ると誤解はほとんどなくなります。

残念なことに、今の時代、上司と部下が職場以外でコミュニケーションをとる機会も希薄になったように感じます。

だからこそ、**納得いかない指示や判断をされた時は、タイミングを計って本音を聞いてみる**ことをお勧めします。

今回の案件でも、該当の社員は「電卓で再計算しろ」という指示として受け取っていますが、課長が「電卓で計算する方法」にこだわっているのか、それとも何か背景があり、それを伝えたかったのだろうかと考えてみてほしいわけです。

そう考えると課長の指示を翻訳して意図を伝えてあげることは、組織の中でも重要な役割ですし、どのような背景でその発言が出たのかを探ると意味合いが異なってくるかもしれません。

ですから、選択肢Bをお勧めしているのです。

背景を知るメリットは2つあります。

1つめは先ほどお伝えした**『誤解』を防ぐ**ことです。

2つめは**『共通認識』が作れる**ことです。共通認識とは議論の基本認識です。

コストを削減するという議論がはじめられたときに、「そもそもコストを削る意味があるのですか」と会議で発言される方を見受けます。

これではまとまるものもまとまりません。

ですから最初に、この議論をするうえでの共通認識のために、認識の擦り合わせをするのです。

プレゼンテーションも、すぐに本題に入らず、置かれている環境などの背景から入ることが多いと思います。これはそもそもの共通認識を作るためです。

上司の言葉通りにとる視点だけでなく、その背景にどんな意図があるのかという視点を持つと、お互いの共通認識が生まれることがあります。

言葉とは便利なものですが、上司をはじめ相手が使う言葉がどんな意味を持つかは幾通りもあります。神秘的ですね。

2章 12

自分の成績なのに……

案件12

差出人	販売促進課　木原　淳
題名	社長賞の件
宛先	販売促進課　溜池係長
CC	
送信日時	20XX年7月22日　19：32

先日野池課長が社長賞を受賞したと聞きましたが、あの「お子さま来店おもちゃプレゼント企画」は係長が企画したものじゃないですか？

課長は全く参画していないのに、どうしてですか？

本来は係長が受賞するべきです。

あなたならどうする

A 上司が受賞することで自分の部署にも恩恵があるから大丈夫だと答える。

B 証拠をそろえ、自分が企画したものであると事実を上層部に伝える。

C 課長に異議を伝えるが受け入れてもらえないときは、今後成果を奪われないように気を付ける。

Good Choice!

上司との関係性をよくするならAです。

POINT

【献上力】

あえて恩を売っておく

解説

自分が汗水たらして作り上げた結果を、きつねが油揚げをさらうように持っていかれると、誰しも頭に来ます。特に自分に実力がないのに他人の成果をコピペするような行動は、私もあきれてしまいます。

しかし、相手が上司となれば少し話が違います。

なぜなら上司が手柄を出さないと私が困るからです。

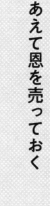

理由は部署全体の評価が下がると、いかに個人で結果を出したとしても、あまり評価されないからです。

また上司が評価されないと、発言力も下がりますし、報告書の提出など結果的に無駄な仕事が増えるからです。

ですから、自分の結果を残すよりも、上司が褒められるネタを作る感覚でいました。

「鳥さん、来週のネタは何だい」

上司がこのように声をかけてくるほどです。

会社では自分の手柄だとしても、結果的には上司の手柄になります。

このように書くと理不尽に感じるかもしれませんが、**私たちは一人で結果を生み出すことはできませんし、周りからの協力があるからこそ良い結果は生まれるもの**です。

ですから、そもそも手柄は自分だけのものではありません、

そう考えると、手柄は自分のものというよりチーム全体が生み出したものであり、その代表者の上司が褒められるのも少しは納得がいくでしょう。

しかし、皆さんがもし「取られた」という感覚を持っているのだとすると、私はこのように考えてはいかがかと思います。

「恩を売ってやった」

上司という生き物は感情表現が下手な方も多いのですが、相手から何かを与えられたとしたら『感謝の念』を感じます。感謝の念を持った人間は、相手に対して通常よりも3割ほど労力を割くと言われています。

あなたが生み出した結果を上司の結果としたという現象は変わりませんが、関係が対立する結末と、恩を売っておくという結末であれば、私は後者の方法が賢者の選択ではないかと思うのです。今回のケースでも、BやCの選択肢をとっても完全にあなたのストレスが消えないでしょうし、あなた自身の価値を下げてしまわないかと心配です。

それよりも自ら差し出してあげたという方が潔くかっこいいですし、周りの評価も上がるでしょう。上司に恩を売ってやるのです。

私は上司ではなく、同僚に結果を横取りされたことがあります。

非常に憤慨し悔しかったのですが、結果を横取りする人の評価は続きません。横取りした良い結果は一過性であり、そのうちに周りは真実を知るからです。

そうなれば評価は戻ってきました。

「鳥さんのやったことやと思っていたで」

まあ、上司もその時はそう思っていなかったのですが、現金なものです。

上司はあなたより結果を求められています。毎週、毎日何か手柄がないと、いつポストを追われるかわからないのです。ですから、あなたに無断で、あなたの結果を自分の結果のように偽るときもあります。

無断で使われるのが嫌なら、自ら差し出しましょう。

ただそこには工夫は必要。**周囲から見て、あなたがやったとわかるようにうまく献上する**のです。

2章 13

一つ上の上司からの指示

案件13

部長から声をかけられた

「溜池係長、お疲れ様。
急で申し訳ないがこの資料を群馬の前橋店にいる取締役に渡してくれないか。
新幹線を使ってもいい。
大事な書類だから君にお願いしている。急いでくれたまえ。」

（課長は周囲におらず電話もつながりません。）

あなたならどうする

A すぐに前橋店に向かう。その後、できるだけ早く職場に戻る。

B 課長の許可を取ってから向かう。取れなかったら会議終了後に報告をする。

C 自分は直属の上司からの指示には従うが、それ以外の指示を受けると困ると部長に説明する。

Good Choice!

上司との関係性をよくするなら**B**です。

POINT

【レポートライン力】

指示伝達の経路を踏まえて行動する

解説

レポートラインという言葉を聞かれたことはありますか？

これは誰から指示が出て、どの経路でそれが伝わるか？　また現場からの報告はどのルートで上がるべきなのかという指示伝達の経路のことを言います。

一般的には直属の上司に報告をし、そして直属の上司から指示が飛んできます。

ただ、すべてがそのケースかというと、そうではないこともあります。

上司の上司から直接指示が来たり、別の部署の上司から依頼や相談も来ることがあります。また、別の部署の後輩から相談を受けたり、別の部署の同僚から依頼や情報も入ってきます。

その多くが、あえて上司に連絡を入れるほどではない案件が多いでしょう。

「ちょっとネットの繋がりが悪いので見てくれないか」だとか「すみません、この件ご存じだったら教えてくれませんか」などのいわゆる雑務が多いかもしれません。

それを「上司の許可がないと動けない」と断るのも、私はどうかと思います。

しかし、全く上司を無視して仕事を進めるのもよくありません。


特に今回のように上司の上司から、**通常の業務に影響を及ぼす業務をする場合、または業務の重要性が高い案件は、上司に報告を入れなければなりません**。

基本は上司の許可を取って動きますが、**許可を取れない場合でも必ず事後報告**をしなければなりません。

したがって、採ってほしい選択肢をBにしています。


許可を取る必要性を少し深く説明すると、あなたの上司はあなたの時間を管理している責任者だからです。

こう考えると、オフィスで席を外す際に上司に一声かけた方がよいという理由もおわかりになるでしょう。

また業務についても、万が一失敗した場合は責任を取るのは上司です。叱られるのはあなただけではなくあなたの上司になってきます。

つまり、**あなたが受けた仕事は上司がやったことと同じことになる**わけですね。

ですから、上司からすれば、全く関知しない仕事で責任を負うのはごめんですし、このように上司を飛ばして、その上の上司に報告や相談するのも、そして指示を受ける「あたま越し」と言われるような行動をとらないことも、上司との信頼関係を維持できる重要なポイントなのです。

この案件13のような場合は、上司の上司に「もちろんです。ただ上司に許可を取る必要がありますし」と答えるか、どうしてもその場で受けなければならない時は、受けた後でもよいので「事後報告」をするようにしましょう。

上司以外から業務の依頼が来た時やこちらから相談をする場合は、まず上司に相談するべきかどうか？　で区分けしてください。

上司に相談することで情報を聞き出したり、ごくまれに適切な助言が来るという「棚から牡丹餅」的なラッキーもあるかもしれません。

飲みに行かないか

案件14

野池課長から声をかけられた

「最近君はどうも成長が止まっているように感じる。この状況を打破する方法を教えてやる。だが業務時間内では無理だ。よし、今日はとっておきのお店に連れていってやる。定時に上がるようにしてくれ」

※あなたは本日家族の誕生日のためレストランを19時に予約しています。

あなたならどうする

A
断ると関係が悪くなるので家族にお詫びし連れて行ってもらう。

B
行けるかどうかわからないが調整してみると伝える。直前にお詫びメールを送る。

C
お誘いはありがたいが理由を告げて断る。誘ってくれたことに感謝する。

Good Choice!

上司との関係性をよくするなら**C**です。

POINT

【意思決定力】

自分の判断したことを明確に、かつ伝わりやすく伝える

解説

上司と部下が飲みに行く。私は良いことだと思います。

職場で話せないお互いの人柄を知ることになりますし、新たな発見があり職場での関係性もよくなることもあります。

しかし、最近の上司は案外シャイで臆病です。

「部下をどのように誘うべきか」と案外深刻な相談をいただきます。

つまり上司の方は誘いたいが、断られたらどうしようと戦々恐々としているのです。

私が部下の頃は上司に誘われましたが、正直あまり行きたくありませんでした。

まあ、行けば行ったで楽しかったり、ためになったわけですが、やはり上司と飲むのは緊張しますし、自由に楽しくはできません。

ですから私は、あなたに上司から誘われたら必ず行くようにとは言いません。むしろ飲みに行きたくないのなら、行く必要なんて全くありません。仕事ではなくあなた自身の時間ですからね。

ただ、その際に注意していただきたいのが「断り方」です。

「いやあ、少し遅れるかもしれませんが、行けるかもしれません」

行きたくないけど断りにくいと、このようなあいまいな返事が出がちです。しかし、上司という生き物は勝手なもので、忙しい中、何とか調整してやってきてくれる、と勘違いを起こすのです。そしてお店で待っていたら、「やっぱりいけません」とメールが来たとしたら、上司はどんな心持ちになるでしょうか。期待をさせて裏切るという風になり、勝手に怒り出すのも上司の特性です。

またきっぱり断るといっても、「無理です」「嫌です」とストレートに伝えるのもどうかと思います。やはりこれまた上司は傷つきます。上司は繊細なのです。

そんな時に発揮してほしいのが『**意思決定力**』です。

この力は自分の判断したことを明確に、かつ伝わりやすく伝えるものです。

『意思決定力』の上手な発揮方法は「明確に伝える」ことです。明確に伝えるというのは、先ほどのストレートに伝えるとは少し違います。

まず相手に自分の意思を伝える際には「あいまい言葉」は使わないようにしましょう。あいまい言葉とは「できるだけ」「おそらく」「～だと思います」などです。

この言葉が入ると、相手はあなたが伝えたい意思とは逆に、誤解して受け取ってしまうことがあるのです。


そして次に『**根拠**』をつけて伝えます。

「本日は家族との用事があり……」

根拠をつけると上司が納得してくれる可能性も高まります。

今回の案件ではこの根拠をつけて「ダメな理由」を相手にうまく伝えることがポイントです。そのうえで誘っていただいたことに感謝する言葉を伝えると、相手には失礼に当たりません。


Aの選択肢は割り切りが足りず自己犠牲を被ります。何も自己犠牲を被る必要もありません。Cの選択肢は期待を持たせて裏切ることになりますので、相手が犠牲を被ります。

大事なのは「行けない」というあなたの決定を、お詫びや感謝というヒューマンスキルではさみ、断る言葉の衝撃力を緩和して伝えることです。

そして何よりも、日常から自分の考えを相手や周りに表明するという行動も素晴らしい意思決定力です。例えば「プライベートの時間と仕事の時間は完全に切り分けている」「全員が参加する場合は参加するが個別ではいかない」などです。

私自身も会食に誘われますが、常々「二次会は参加しない」と繰り返し言っているので、断りやすくなります。

このように上司に自分の価値観や考え方、そして基準を伝えておくと相手はそれを汲んでくれる場合があります。そうすればこのようなやり取り自体が発生しないので、楽ですよね。

割り切るというのは「関係性を捨てる」ということかもしれません。難しい決断かもしれませんが、上手な断り方も身につけましょう。

2章 15

感情派には冷静に対応

案件15

野池課長が大声で話しかけてきた

「おい、どういうことだ。あれだけ大宮店のリニューアルオープンの資材取り付けはチェックしておけと言っただろう。今、できていなかったと社長から指摘があったと部長に言われてしまった。お前は何をチェックしているんだ。馬鹿野郎！」

※あなたはチェックしましたが、チェック後、大宮店店長が独断で資材を取り外しました。取り外されたことも含めてあなたは知っています。

あなたならどうする

A

事実を明確に、根拠をつけて伝える。
また言い方がひどすぎるので、
そこは訂正してもらう。

B

まずは謝り、上司の話を聞く。
怒りが収まってから事実を伝える。

C

部長など第三者を巻き込み、
誰が正しいかを判断してもらう。

Good Choice!

上司との関係性をよくするなら**B**です。

POINT

【見定め力】

もっとも言い分が伝わりやすい状態を見定める

解説

人間は感情の生き物だとお話ししましたが、感情コントロールが苦手な上司の方も、案外多いものです。

管理職を対象にした「インバスケット研修」でも、グループワーク中に激高される方もいますし、中には泣き出す方もいらっしゃいます。

このような感情的な上司は部下を叱るときにもあまり上手にできないことがあります。

例えば部下を叱るときの原則は「行動」に対して叱るべきなのに、部下の「人間性」や「性格」に対して批判する失敗を犯してしまいます。

怒りなどの感情コントロールができないのが原因で、この感情コントロールの研修などもあるほどです。

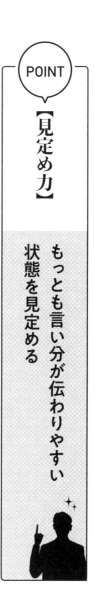

もちろんこれは上司側に問題があるわけですが、感情をコントロールするというのはなかなかすぐにできるものではありません。ですから、部下側としての防御対応策も取っておいた方がいいでしょう。

あなたにとって欲しい対応は、**相手が感情的な状態である場合は、あなた自身は冷静にその場をやり過ごす**ということです。感情コントロールが下手な方は、マッチ棒のようにバッと燃えますが、そのうちに収まってきます。

燃え上がっているときに反論するとさらに火に油を注ぐことになりますので、落ち着いてきたら冷静になって話してみましょう。

例えばミスをして上司が激高しているときは、誤解があってもまず単刀直入に謝っておきましょう。そして冷静になって話ができる状態になったら、言い分を伝えるのが賢い方法です。

大事なのは、上司にあなたの言い分をうまく伝えることですから、感情的になっている場面よりも、冷静になってから伝える方が格段と伝わる率は高くなります。

今回の案件でも、まずは相手の感情が収まるのを待って、伝えることがポイントです。

したがって選択肢Bをお勧めしています。

私も感情的な上司と一緒に仕事をしましたが、燃え上っているときは「こう、よく燃えるものだなあ」と客観的に捉えていました。このようにまともにその罵声を受け止めないことが大事です。

聞いているふりをするわけです。いつか会話ができる状態に必ず訪れます。

ですから、**よく観察をして、もっとも言い分が伝わりやすい状態を見定めましょう**。

これは私見ですが、感情的なタイプの方は少し時間を置くと、感情的に叱ったことを後悔し、それを恥ずかしいことだと振り返り、謝ってくることが多いです。

もちろんこれは一握りのできる方のお話しなので、あなたの上司がそうでない方であったとしても、きっと感情的になって叱ったことを心の中では後悔しているのだ、と感じてください。そう思うと「はい、以後気を付けます」とだけ言い切れると思います。

感情的な方や、気持ちの起伏が激しい上司には、感情的にならずに単刀直入に謝る方がいいでしょう。

良いコミュニケーションとは、お互い落ち着いた環境の中で冷静に話をすることです。

感情的になるとまっすぐなものも曲がって見えますし、アルコールが入ったり疲れていると、相手に対する配慮などもできなくなります。

内容よりも伝える環境をどう作り、見定めるかが大事ですね。

2章 16

あなたの上司はひどい人だ

案件16

差出人	熊本店　松永店長
題名	先日はありがとうございました。
宛先	販売促進課　溜池係長
CC	
送信日時	20XX年7月22日　20：13

今回は当店の改装オープンセールに際し、絶大なるご協力をいただきありがとうございました。

特に、当店のゆるキャラを作ってくださった溜池さんには非常にお世話になりました。


それにしても、溜池さんも大変ですね。

私なら上司があんな人だったらついていけませんけどね。


常に自分が正しいとそちらの課長さんは思っているようで、私たち現場の意見もほとんど無視で上の顔色ばかり見ていますからね。

あの上司とうまくやっていく秘訣を教えてもらえませんか？

あなたならどうする

A 上司は芯が通っているので、良い経験をさせてもらっている。大変な面もあるが、今はいろんな仕事を任せてもらっていると返事する。

B わかってもらっている方がいるだけでもありがたい、今度飲みに行ってガス抜きをしたいと返事する。

C 現状のつらさを具体的に伝え、逆にアドバイスをもらえないかと頼ってみる。

Good Choice!

上司との関係性をよくするなら**A**です。

POINT

【表現転換力】

ネガティブをポジティブに変換する力

解説

東京新橋の居酒屋に行くと、周りはサラリーマンばかりです。

その会話に耳を傾けると、まあ、会社や上司の愚痴がサラウンドで聞こえてきます。

かなり皆さん溜まっているようですね。中には愚痴を聞いてくれる猫がいるお店もあったそうです。

ただ楽しいお酒を飲んでいるのに、共通の話題が上司の愚痴や悪口というのは、少しもったいないような気がしました。

もちろんプライベートの席での発言は、個人の自由です。

しかし、これが職場や取引先などの仕事の場に、こうしたネガティブな発言が現れると、誰もハッピーにはなりません。

仮に上司の悪口を言ったとしましょう。

その悪口がまわりまわって上司の耳に入ったら、上司という生き物はどう反応するでしょうか？上司から見れば、自分やチームの悪口を言われるのはもちろん、周りのメンバーのモチベーションを下げたり風紀を乱すと捉えられてしまいます。

もちろんあなた自身が不平の発信源でなくても、相手の愚痴に同意するということは、不平を言ったことに、結果なってしまいます。

これが情報伝達の怖いところで、**間接的に伝わる情報は尾ひれがついて加工されるもの**です。特にこのような**ネガティブな情報は、さらに悪い方向に進む可能性が高い**ということを認識したほうがいいでしょう。

この案件のように、相手から上司の悪い情報に同調させられそうになった時は、**ポジティブな表現に変えて返す術**を身に着けておいてください。

ですから、今回の案件でも「人の話を聞かない」「いつも自分が正しいと思っている」というネガティブ言葉を、「芯が通っている」というポジティブに変換して相手に返してほしいのです。

ネガティブをポジティブに変換という意味で私は感心したことがあります。

就活の学生さんの面接をしているときです。

彼らはネガティブな情報をポジティブな表現に変換するのがとても上手です。

「好奇心が旺盛」という表現は「1つのことが長く続かない」という短所のポジティブ表現です。

「即行動即実行」は「計画力がない」のポジティブ表現です。

つまり、**ネガティブな表現はポジティブな表現に言い換えることができる**のです。


したがって、このような不平を同調させるような声を掛けられたら、ニコッと笑ってポジティブ変換してください。

同じ現象ですが、受け取る側もポジティブな表現で返されることで、印象は全く変わります。

さらに上司との関係性をうまく保っている方は、上司のネガティブなことは周りに言いません。

むしろ良いことを周りに伝えます。

つまり、褒め言葉を周りに伝えるわけです。

上司に直接褒め言葉を伝える方法もあるのですが、実は**人は直接褒められるよりも、間接的に褒められる方が効果が高い**と言われます。

「●●さんの部下の方が〝うちの上司は頼りがいがある〟とおっしゃっていましたよ」と聞くと、上司としては「へえ、そんな風に思っているんだ」と嬉しくなるものです。

ですから、他部署や上司の上司と話すときにさりげなく上司を褒めてあげてください。その際に具体的な行動を出してあげると真実性が高まります。

短所と長所は表裏一体です。ポジティブ変換技を実行すれば、上司との関係性もよくなるでしょう。

好きにしたら

案件17

差出人	販売促進課　野池課長
題名	Re：ご相談事項
宛先	販売促進課　溜池係長
CC	
送信日時	20XX年7月23日　19：18

ああ、その件ね。好きにしたら。
それは君に任せるよ。あまり興味がないね。
ただ失敗はしないでくれよ。

----------------------以下転送元メール----------------------

差出人	販売促進課　溜池係長
題名	ご相談事項
宛先	販売促進課　野池課長
CC	
送信日時	20XX年7月22日　18：45

課長へ

POSレジの液晶広告ですが、いかがいたしましょう。
来年からレジがこのタイプのPOSレジに一斉に変更になり、会計中にお客様に対してセールなどを販促できる絶好の場所だと思います。

溜池

あなたならどうする

A 任せていただいたことに感謝を伝え、計画を作り承認を得る。

B すべて任せてもらったので勝手に進める。

C 失敗したら責任はとれないので課長に何とか指揮を執ってもらう。

Good Choice!

上司との関係性をよくするなら**A**です

POINT

【経過報告力】

好きに進めながらリスク回避する仕事の進め方

解説

上司という生き物は失敗を怖がる生き物です。

ですが、結果は欲しがります。困ったものです。

この生き物は、リスクのある判断はなかなか明確に下さないという特徴があるのです。

ですから、部下に対してあいまいな指示を出すわけですね。受けた部下はたまったものではないと思います。

「やるのか、やらないのかはっきりしてよ」

私も心の中でイライラした経験がたくさんあります。

しかしながら、そのような状況を逆に利用するという考え方もあります。

「好きにしてみたら」をそのまま真に受けて進めるわけです。

「好きにしてみたら」という言葉の裏には上司の心理で「逃げたい」という感情があります。人は判断に迷うとストレスを感じ、判断を避けたいという行動に走ります。ですから「誰かに丸投げしよう」という結果につながるわけです。


部下側としては「責任まで丸投げされてたまったものではない」と思われるかもしれませんが、そこは大丈夫です。

上司が任せたことを、部下が責任を取るということはビジネスの世界ではありえません。

前項で部下の功績は上司の功績になるのが常識とお話ししましたが、その逆で部下のミスは上司が責任を取るということが前提になっているからです。


ただ、これからお話しする行動をとらないとあなた個人の失敗になってしまうことがあります。

それは『報告』です。

今回取ってほしい報告は**『経過報告』と『結果報告』**です。

『経過報告』とは全体の計画の中でどこまで進んでいるのか、そして何か障害がないのかと上司に伝えることで、『結果報告』は計画を進めたことで、どのような結果が出たのかを伝えることです。

この行動を入れておくだけで、万が一進めている仕事がうまくいかないとしても、あなた一人で責任を被ることはなくなります。いわば仕事の保険のようなものです。

今回の案件でも仕事を任せられたと判断し、自分で計画を立てて進めればいいでしょう。ただし、計画を作り、その方向性は上司に必ず共有しておいてください。また進捗報告もしっかりと行いましょう。

上司という生き物は報告を聞いていないと「部下が勝手にやった」と逃げることもあります。しかし、報告という行動をとっているとそれは言えなくなるわけです。

「好きにしたらいい」を実行する際には、うまくいくことが一番良いのですが、万が一の保険として上司に関係させておくということは忘れないようにしましょう。

イメージ合わないからやり直して

案件18

差出人	販売促進課　野池課長
題名	出張修理サービスの件
宛先	販売促進課　溜池係長
CC	
送信日時	20XX年7月23日　9：21

溜池係長

出張修理サービスののぼりの見本を見ましたが、悪いがデザインからやり直し願います。

なんだかサービスという文字が目立ちすぎて、お客様が無料と勘違いするリスクが高いと感じました。

サービスの文字は白抜き赤文字でゴシック調にして。

あなたならどうする

A 今さらやり直しをすると大変なので、今のものを少し修正する形で進める。

B もう一度デザインからやり直し、工程ごとに確認を入れていく。

C もう一度やり直し、完璧なものを作って再提出する。

Good Choice!

上司との関係性をよくするなら**B**です。

POINT

【高速試作力】

プロトタイプの前のプロトタイプを作れ

解説

上司という生き物は困ったもので、気まぐれな仕事の進め方をするものです。自分で何でも抱えることもあれば、丸投げばかりの方もいらっしゃいます。

特に困った仕事の進め方が「細かい」仕事の進め方をする方です。

細かさも「繊細」であれば良いのですが、部下として気にしていない部分や影響度がほとんどない部分に対してこだわるので、「もう勝手にしてよ」という投げやりな気持ちになったりするものです。

私は個人的におおざっぱな上司の方が仕事がやりやすかったのですが、運が良いのか悪いのか、細かな方に当たることがよくありました。

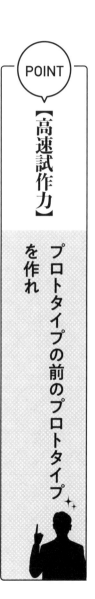

細かな上司から「やり直し」を指示されたり、時には仕事を取り上げられることもあります。これは仕事をするうえで「やる気」がなかなか生まれません。

信頼を勝ち取るために、いつもより時間と力を入れて仕事を進めます。そして自信作を彼の前に披露するのですが重箱の隅をつつかれてしまいます。


上司との付き合い方は、上司の性格によって変えなければなりません。

細かな上司に当たったときは、今までの上司とのやり方を変えなければなりません。

細かな上司に対しては「細かく刻んでいく」という鉄則をはめてほしいのです。


『刻む』というと、私が初めて聞いたシーンはゴルフ場でした。初心者の私にはよくわかりませんでしたが、池やバンカーなどの障害物が多いコースは、いきなり遠く飛ばすよりも、短い距離をあえて狙って、失敗しないように確実に前に進んでいくということらしいです。

しかしながら、若い私はそんな面倒なことはしたくありませんので、バーンと力の限りショットを打つわけです。すると吸い込まれるように池に、なにくそと再度打ち直すものの、次はバンカーに入ります。

バンカーでも遅れを取り戻すために力を振り絞りたたきます。するとボールはバンカーの上を乗り越えられず、めり込んでしまう始末。

まあ、つまりこのような障害物など癖のあるコースは、一発で進めようとせず、短い距離で確実に前に進める方法がいいわけです。

仕事に当てはめると、じっくりと時間をかけた完成物を上司に出すよりも、細かい上司の場合は、**細かく完成品の前段階であえてチェックをさせて前に進めるのが賢明**なわけです。

そこでお勧めしたいのは**『ラピットプロトタイピング』**です。

これは高速で試作品を作るという製造技法です。プロトタイピングは実際の製品と同じタイプを試作品として作ることです。

仕事に置き換えると、細かな調整やチェック前のスライドを上司に確認してもらうといったところでしょうか？

しかし細かな上司が相手だと、プロトタイピングの段階で却下される可能性が高いのです。ですから、このプロトタイプの試作品として作り、上司に確認するわけです。

今回の案件では、多くの方が憤慨して抗議したり、もっと頑張ろうとされると思います。

しかし、このケースでは抗議しても頑張ってもなかなか前に進みません。

ですから選択肢Bのように、**細かく確認を取ってほふく前進する技**を使いましょう。細かく刻むというのは本来なら試作品を出すという工程だけでよいところを、その前の工程で確認を入れておくということです。

ある書類を指示されたとき、メモ書きでサラサラと書いて確認したり、スライドであれば手書きバージョンで確認するという、こまめなチェックを受けます。

ここでやり直しは当然だという捉え方をしておくと、作業にかけた時間や労力が最低限で済むわけです。

どうしてもその細かな仕事の進め方が気に入らないという方は、細かな上司のこだわりを探るという方法もあります。

細かい上司といっても、すべてに細かい方はあまりいません。どこかの部分にやたら細かいという方が多いのではないでしょうか？

つまり、**どこかにこだわりがある**わけです。

私にも、こだわりがあります。きっと他人から見ると「そんなところこだわるの？」と思われるかもしれません。

例えばイベントだと、オープニングとエンディングに力を入れたくなります。特にオープニングだと会場の照明、音楽の強弱、スライドなどかなり力を入れたくなります。

ですから要領の良い部下は、事前に「オープニングのイメージを教えてほしい」と相談に来ますし、音楽を選ぶ際にも複数の選択肢を提示してきます。

逆にやり直しを指示するケースは、前日のリハーサルで突然内容を知らされたり、報告を受けていたイメージと異なるときです。

つまり**細かい上司であっても抑えどころを押さえておけば、すべて神経質になる必要は全くありません。**

昔、上司から取引先を接待するお店を探せと言われたときに、何度か叱られました。料理の内容……特に魚の鮮度だったり、もっと言うと刺身盛り合わせの豪華さなどといった部分的なところです。逆に言うと予算だとか接客などで叱られたことはありません。

このようにやり直しを指示された部分を書き溜めておくと、対策が立てやすくなります。

仕事の細かい方はその細かさ（こだわり）を理解してくれる部下を重宝します。あなたがそのこだわりを少し理解してあげると、相性の良い上司と部下になるかもしれません。

2章 19

これってまずくないですかね

案件19

差出人	株式会社西谷広告機械 西谷　洋輔
題名	デジタルディスプレイの件
宛先	株式会社桜電機　マーケティング本部　販売促進課　溜池係長
CC	株式会社桜電機　マーケティング本部　販売促進課　野池課長
送信日時	20XX年7月23日　16：48

株式会社桜電機
溜池様

平素はお引き立てをいただきありがとうございます。

西谷広告機械の西谷でございます。


先日は当社のデジタルディスプレイのテスト機を設置いただき、ありがとうございます。

テスト店舗様での実績ですが、未設置店舗様より該当商品の売れ行きが40倍となりました。

店舗様からも嬉しいお声をいただいています。

まずはご報告です。


ただ、老婆心ながら先日いただいたメールに添付していたファイルには、貴社店舗の売上や損益なども載っておりました。

私ども外部が持っていると貴社にとって不都合かと思い、消去しておきましたのでご安心ください。

あなたならどうする

A

まずは事実確認を行い、確実に消去されたかを確認する。情報漏洩のリスクを確実に消し去る。

B

社外データが外部に誤って送られた可能性を、速報として上司に報告する。

C

デジタルディスプレイ設置が成功したことを報告したいと上司に連絡し、直接会って、頃合いをみてデータ流出未遂の件を伝える。

Good Choice!

上司との関係性をよくするなら**B**です。

POINT

【報告力】

良い報告は後で、悪い報告は早く

解説

「100−1=0」

これは私が教わった『信用の法則』です。数字上の計算では99の答えが導き出されますが、信用の世界ではゼロになるのです。

この話をすると、失敗は許されないという意味だと受け取る方がいらっしゃいますが、そうではありません。

私自身もミスはよくしますし、ミスをしない人の方が少ないでしょう。

大事なのは、**ミスをした時の対応をミスらないでほしい**ということなのです。

上司とうまくやっている方はミス自体が少ないわけではなく、ミスの後処理がとても上手です。彼らはミスをしても、信頼への影響を最低限で抑えることができます。後処理次第で、自分の価値や信頼は大きく変わることを知っているのです。

ミスをした時の最大のミス、それは「報告をしない」ということです。

もちろんミスが軽微であったり、すでに自身の責任で処理が終わったりというケースもあるでしょう。

私自身もできれば上司に心配をかけたくないですし、何しろ悪い報告はどうしても二の足を踏んでしまうものです。

しかし悪い報告ほど早く上司の耳に入れましょう。

今回の案件でも、すぐに報告をしているBの選択肢が良いわけです。

ある経営者セミナーで、不祥事が起きた時の対応で一番悪いのは、隠したものが後から出てくることだと習いました。

対外向けの発表を躊躇する経営者や、確実に情報を集めて完全武装して発表に臨むべきだという経営者も多くいます。

しかしながら、賢い経営者は不祥事が起きたということだけでも、一刻も早く世間に公表しなければならない大事さを知っているのです。

つまり、**公表するべきことを隠していると信用を失墜して、取り返しがつかなくなる**わけです。

上司から信頼されている人は次の鉄則を守っています。

「悪い報告ほど早く、良い報告は後で」

悪い報告の第一原則は「スピード」です。これは時間がたって報告すると、打つ手が後手後手になるのが最大の原因です。打つ手が後手後手に回ると被害は拡大しますし、組織として隠ぺいしていたという、あらぬ疑いもかけられてしまいます。

また報告するべき案件が、別の人から上司の耳に入るとこれまた厄介です。すぐに報告に言ったつもりでも、二番手になると真摯さが薄らぐわけです。

あなたにその意思がなくても、遅れた報告は「隠していた」と思われる可能性があります。そうすると、あなたが今後伝えようとする内容も、どうしても眉唾ものに聞かれてしまうのですね。

逆に**良い報告は隠していても「嘘つき」にならない**のが面白いところです

それよりも「謙虚な人」だとか「縁の下の力持ち」などと評判がかさ上げされることが多いです。

私自身も上司の立場として、自分の出した結果をアピールされることも大事ですが、本人以外から聞いた部下の結果は、なんだかとても嬉しく感じるものです。

良い結果は少しじらして、悪い報告は耳に入ったらすぐに上司に入れる習慣をつけておきましょう。

「プラス一言」で丁寧に

案件20

野池課長が大声で話しかけてきた

「なんてことをしてくれた。あれだけ社内機密データは取り扱いを注意するように指導していたのにも関わらず、お前は馬鹿か」

あなたならどうする

A／黙って怒りが収まるまで耐える。

B／「お言葉を返すようですが」とワンクッション入れて、業務多忙などの理由を伝える。

C／お詫びして、今後同じことは繰り返さないと言い添える。

Good Choice!

上司との関係性をよくするなら**C**です。

POINT

【ヒューマンスキル】

人間関係を良好に保つ人が得意な技術

解説

今回のケースは自分に非があるものの、激しく叱責されたときの対応法です。

このような指導や叱責を受けたときに、感情が高ぶって反抗したり、無愛想になってしまうことはありませんか？

もちろんそれは無理のないことです。

ただ上司との関係性を良好に保つ人は、こんな時に心掛けていることがあります。

「プラス一言」です。

多くの方が「申し訳ありませんでした」と謝ると思います。しかし、上司がかなり激高している場合は、それだけでは謝意は伝わりにくくなります。

伝えたいことを相手に伝えるには、少し工夫が必要です。

それは**伝えたい内容にプラス一言足す**のです。

「申し訳ありませんでした」だけではなく「申し訳ありませんでした。以後気を付けます」でもいいですし、「大変なことをしてしまい、申し訳ありませんでした」なども素晴らしいですね。

このような言葉を足すだけで、相手の受け取り方は全く異なります。

このような配慮や感謝の一言が言えるスキルを『ヒューマンスキル』と呼び、人間関係を良好に保つ人が得意な技術です。


この『ヒューマンスキル』は、日頃から使う習慣をつけると、とても素晴らしい効果があります。

例えば、朝の挨拶の際に「おはようございます」にプラス一言、「●●課長、おはようございます」だとか「おはようございます。今日もよろしくお願いします」となると、受け手側にとってはただの定例的な挨拶ではなく、あなたに好感を持ってくれるかもしれません。


メールも「お疲れ様です」の定型文だけではなく「○○の業務お疲れ様です」とつけてみましょう。それだけであなたのメールは相手にとって特別な価値が生み出されるのです。

注意しなければならないのは、プラス一言でもマイナス効果になるものもあるということです。

例えば、**『言い訳』や『反論』は避けましょう**。プラス一言ではなく余計な一言で火に油を注ぐことになりかねないからです。

ですから、今回のケースでは謝罪の上、プラスもう一言がある選択肢Cを最適解としてご紹介しています。

同じ一言でも、相手の立場に立った時にどのように受け取るか考えて使い分けていきましょう。

第3章

タイプ別上司攻略法

「そうかい、そりゃよかったな」

安孫子は目じりのしわを細めて言った。

僕は安孫子に、今回のような、急な対応で案件をいくつも処理するような場面を何度か経ることによって、野池課長からの信頼を得ることができたことを告げたのだ。

しかしながら、僕は正直喜べなかったので、落とすような口調でこう言った。

「しかし、あまりよくないんですよ」

安孫子は訝し気に僕を見た。

「そりゃ、どうしてだい？　課長に信用してもらったんだろう。良かったじゃねえか」

「内示を伝えられました」

「誰の？」

愚痴をこぼすことはしたくないが、安孫子には愚痴のように聞こえたに違いない。

「僕です。転勤だそうです。課長が言うには『以前人事に伝えていたこととの行き違いがあったようで……、俺の判断ミスだ、すまない』と言われました」

安孫子は苦笑いしながら言う。

「へえ、皮肉だな。せっかく仲良くなれたのにねえ。ところでどこにだい」

「それがまだわからないそうなんです。ただ僕の後任は決まっているそうで」

「ひでえ会社だな。まあ、俺と大差ないがな」

安孫子はまるで自分を馬鹿にするかのような笑い方をした。


僕は思い切りはすこぶる良い方だと思っていたから、いざとなったら会社を辞めてもいいと考えていた。しかし、実際にこの状況になると何をどうするべきかさえ頭に浮かんでいない。まるで裁判の判決を待つ被告人のような怯えに近い不安だけが襲ってきた。

それを素直に出せればいいが、強がってしまうのが僕の性分だ。


「まあ、いざとなれば何でもしますよ。ただ仕事自体よりも人間関係ですかね」

安孫子はまるで見抜いたように突っ込む。

「人間関係じゃねえだろ、上司との関係じゃねえのか。お前さんの場合は」

僕は指摘通りだったので反論できなかった。

安孫子はまくしたてるように言った
「図星か。おい、上司のいねえ職場がどこにあるんだ。修羅場をくぐってねえ奴はこれだからな」

そう言うと、安孫子は一瞬止まって腕組みして考えている。ニヤッと笑い、椅子を転がして座ったまま僕の至近距離にやってきた。僕は殺気を感じるほどの不気味さから10センチほど椅子を安孫子から離したが、また安孫子が近づいてこう語りかける。

「おい、俺と一緒に来ねえか。あんたをどんな上司の下でも楽しく仕事ができるようにしてやるよ」

「は?」

「言いそびれたが俺もここからおさらばだ。西伊豆の教育センターに来月から行く」

安孫子は淡々と話す。

「ああ、Cセンですか…」

桜電機には教育施設が3か所あるが、西伊豆のセンターは評価が「C」に最低ランク付けられた人間が送り込まれる研修センターで「Cセン」と呼ばれている。

そこでは軍隊並みの地獄の特訓が待っていて、辞めるか再起するか、どちらかと言われている。もちろん、再起するくらいの根性がある奴はほとんどいない。

確か同期で飯塚という奴がそこに放り込まれて3時間で退職届を出したと聞いた。

安孫子さんは大丈夫だろうか、年齢も重ねているし、かなりきついだろう。

僕は心から同情した。

「ひどい会社ですね。どうぞお体だけは大事になさってください。かなりきついらしいので」

安孫子は目をぱちくりさせて笑いながら、僕の頭をヘッドロックしながら言った。

「なんだい、お前さん、俺を見くびっていやがるな。俺が生徒としてそこに放り込まれると思ったのか？　馬鹿野郎。おれは教官で行くんだよ」

「あいたたっ。え……教官？」

なるほど、鬼教官というわけか。それは合点がいった。でも僕がそこに連れていかれる理由がよくわからない。安孫子は憐れむように言う。

「相変わらず察しが悪いな。いいか一から話してやる。俺の元部下がCセンのセンター長をしている。そいつにいい教育プログラムがあると教えてやったんだ」

「教育プログラムですか」

「ああ、『どんな上司が来ても生き抜く部下研修』ってやつだ」

「それはいいですね」と言いそうになったがやめた。

「それってまさか」

「へへ、あんたを見てひらめいた。上司とうまくやれねえで、今にも辞めそうな人間が桜電機には山ほどいるだろう。こいつらを矯正するんだよ」

僕はそれは違うと思い恐る恐る反論した。

「部下を変えるのではなく、上司を変えるべきじゃないかと思うんですよね」

安孫子はカッと鬼の形相になり、怒鳴った。

「馬鹿野郎。上司を変えようなんて100年早い。上司とうまく付き合えねえ奴が仕事なんてするんじゃねえ」

僕は不貞腐れたように黙った。

「自分が変わるんだよ。それしか生き残る道はない」

安孫子はそう言った。

まあ納得はしていないが、反論すればさらにやり込められるから、この話題は切ろうと思った。

「わかりました……で僕の役割は……」

「あんたには生徒役、つまり部下役になってもらい、上司役の練習台になってもらう」

「練習台。僕がですか」

それじゃ、俺は猛獣の檻に入れられたウサギのようなものか。

「あはは、まあ、そんなに気を悪くするな。まずは部下がどんな反応をするかテストしなければな。そして練習台が終わったら、あんたにも上司の役をやってもらう」

僕は変に安心した。一生獣の生餌にされてしまうのかと思ったからだ。

「上司の役……僕に務まりますかね」

「ああ、俺が集めたキャストの中で、唯一いなかった役割だ」

「どんな役なんです?」

「びくびくして育ちのよいお坊ちゃん上司だ」

そう言って安孫子は手を打って大笑いした。

正直、気分は悪い。しかし、上司に苦労した僕だ。そこに来た上司に悩む若手社員の相談に乗るのも悪くない。

「いいでしょう。お手伝いしましょう」

安孫子に精いっぱいの笑顔で伝えた。

安孫子は創業メンバーだけあり、社内ではまだまだ影響力がある。

その力を見せつけるかのように、凄まじいスピードで人事異動の発令書が作られた。

研修センターは西伊豆の中心から20分ほどの切り立った崖の上にある。研修センターの玄関は松の木でアーチのようになっており、どうも海の近くなのに海の気配が全くない。空を飛ぶ海鳥だけが海の近くであることを切なく告げている。

松のアーチを100メートルほど進むと、2階建てのレンガ作りの建物が現れる。東京駅のミニチュアを想像した。石造りで案外しっかりとしている。

玄関には両側に木製の下駄箱がずらっと並んでおり、少し色の褪せたスリッパが整頓されて置かれている。

ここのセンター長は眼鏡をかけて、黄色のシャツに赤いネクタイ、そして青い綿のベストという出で立ちで僕たちを出迎えた。

年齢は40歳くらいだろうか、まるでどこかの研究者のようだ。

安孫子を見ると、センター長は直立し、お辞儀をした。安孫子は屈託ない笑顔でセンター長に話しかける。なんでもセンター長は安孫子に、返しきれない恩があるとか言っていた。


「さて仕事をするか」

安孫子は黒スポーツバックを自分の部屋に荒々しく投げ込み、のしのしと2階に上がる。

僕はその後ろをそろそろとついていく。

安孫子は僕を振り向いて、ある部屋を指さす。

「いいか、君はこれからあの部屋にいる上司の部下だ。精一杯やってくれたまえ」

「え、早速ですか？　どなたがいるんです？」

「馬鹿野郎、それを言ったらテストにならねえだろ。さっさと行ってこい」

安孫子は顎で僕に指図した。

「ひどいなあ」

僕は安孫子に聞こえるか聞こえないかの大きさで言って、一番右奥の部屋をノックして入った。

3章 1

今日中に500万円売ってこい

「入れ」

部屋の中から、鞭で叩くような、しなる声がした。

僕は「失礼します」と言ってドアを開けた。そこにはソファに深く腰掛けた、髭の濃いぼさぼさ頭の男が座って僕を直視している。その不潔さとは似合わない、輝くような白いシャツに蛇柄のネクタイ、その蛇は僕を見て口を開けて、今にも噛みそうだ。

「おい、こっちに座れ」

また鞭で叩くように言う。

座ると目の前の上司は僕をにらみ、書類を押し付ける。

「君がうちの部署の足を引っ張っている。今から500万円注文を取って来い。今日中だ。できなかったから帰ってくるな」

書類は桜電機のネット通販パンフレットだ。

「え、これ練習ですよね」

「何を言っている。お前はこれから500万円売ってくるんだ。理解したら、とっとと売りに行け」

あなたならどうする

A

ここは田舎であり民家も少ない、
それに突然飛び込みで５００万円
売れるわけがないと上司を説得する。

B

指示内容を確認し受ける。ただ５００万
達成したいため、東京に売りに行きたいので
一週間もらいたいと願い出る。

C

まずは受けて飛び出して売れるだけ売ってくる。
そして頑張ったが売れなかったと報告する。

Good Choice!

上司との関係性をよくするなら**B**です。

POINT

【YES－BUT法】

無茶ぶり上司との付き合い方

解説

上司は無茶を言う生き物です。

私は上司と付き合うときにこの言葉をずっと考えてきました。実はこの言葉は、以前の上司から教わったことです。それまでは無茶を言われると、その上司を恨んでいたものです。「なんて非常識な人なんだ」と。

そして真っ向から反論しました。「そんなことできない」「無理だ」と。

もちろん、それでリクエストを取り下げるような物分かりの良い上司ではありません。と言いますか、物分かりが良い上司はそもそも無茶を言いません。

反論すると、さらに無茶を重ねられる始末です。

ですから、このような場合は**無理にかわそうとせずに、いったん受け入れるところから始めます**。この技法を『ＹＥＳ－ＢＵＴ法』と言い、人間関係を上手に構築する人がとっている技法です。内容はいたって簡単です。**まず「ＹＥＳ」と受け入れて、その後にあなたの気持ちを伝える**のです。

「ご指示ありがとうございます。やらせてください。ただ、いま●●の業務を抱えておりまして、すぐには着手できない状況です」


どうでしょう、少し当たりが柔らかくなったのではないでしょうか？

さらにもうひとスパイス振りかけましょう。『**想像力**』というスパイスです。

この力は『**代替案**』**や**『**アイデア**』**を出す力**です。

例えばこのスパイスをかければ、このような言い回しができますよ。

「ご指示ありがとうございます。ぜひやらせてください。ただ、いま●●の業務を抱えておりまして、もしよければその業務をほかの方にお願いしてもらえれば、すぐに着手できます」


この返しだと上司も少し考え込むはずです。

今回の事例では、まず相手に言っていることを受け入れ、そのうえで肯定的に上司に伝える選択肢Ｂを使ってみたいですね。

無茶ぶりをしてくる上司が一番嫌うのは、即答で断ったり、やるつもりがないのに簡単に引き受ける部下です。

ですから、**まずは受ける。否定から入らないことが大事**です。そして『想像力』を使って逆提案をして、無茶を返してみましょう。

「僕に聞かないでよ」

1つめの部屋を出ると安孫子が待っていた。

「次はこの部屋だ。君はこの報告内容を、上司に報告しなければならない。いいな」

安孫子は間髪入れず次の部屋に行くよう指示を出した。渡されたメモにはこう書いている。

「取引先の丸大広告から催促が来ています。先日部長から指示された、レジ折込みチラシの件、そろそろ内容を決めないと印刷が間に合わないと言われています」

僕はノックをして部屋に入った。

先ほどの部屋と左右対称になっているが、同じ部屋だ。ソファにはスマホを見ているポチャッとした色白の男性が座っている。そしてけだるそうにあくびを1つした。

僕は「失礼します」と言って、前に座った。

だが、男はスマホを見たままだ。

「あの」

声をかけると少し斜めの姿勢を変えることなく「なに?」と聞き返す。

僕は、紙に書いている通りの内容を報告した
色白の上司は「ああ」と焦点が合わない声を出す。

そしてスマホからほんの一瞬僕の方を見たかと思うと、迷惑そうに言う。

「僕に聞かないでよ、その件。うん? よくわからないなあ。何とかなるかもよ」

あなたならどうする

A 書類を無理に渡して「よろしくお願いします」と頭を下げる。

B 課長の指示なので放置する。

C 自分が責任を持って進めると伝え、大まかな方向性だけ提案し、承認を得る。

Good Choice!

上司との関係性をよくするなら**C**です。

POINT

【上司から仕事を巻き取る方法】

無気力上司との付き合い方

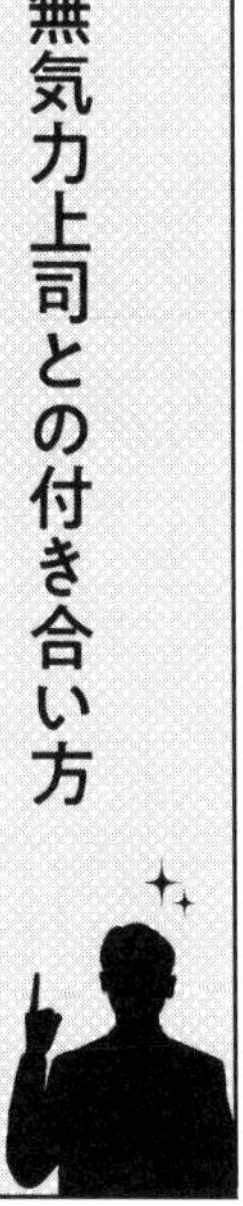

解説

先ほどご紹介した上司の、逆バージョンとも言えるのが「無気力な上司」です。

このような上司はモチベーションが低く、熱意のある部下の、熱をも奪う厄介な存在です。

部下としても、この人の指示を待っていても後手後手に回り、仕事が増加する一方です。

さらに、この上司からはどうしようもない状態、つまり火が付いた状態で仕事を渡されることがあります。無気力、無関心ほど仕事において厄介なことはありません。

このタイプの上司の対応についての基本方針は、**無気力上司から仕事を奪い取る**のです。

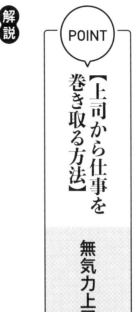

自分から進んで「その仕事私に任せてもらえませんか」と言ってみましょう。

「そんなことすると、全責任を自分が追うことになるじゃないか」と気が進まない方もいるかもしれません。

しかし、ご安心ください。きちんと上司を関連付けておくと、仕事は好きなようにできて責任は取らなくても済みます。上司をうまく使って、仕事を自分のリズムで進めることができるのです。


今回のケースでも、上司に仕事を無理に押し付けたとしても、きっとひどい状態になって戻ってくることが予想できます。また仕事を放置すると、結果的にあなた自身も影響を受けます。

このことから、早い段階で仕事を上司から巻き取る選択肢Cが賢い選択でしょう。


ただ押さえなければならないのは『**方向性の承認**』です。

「この仕事に関してはこのように進めたいのですが、ご承認いただけますか」と投げかけてみてください。

無気力な上司だと「ああ、好きにやってよろしい」などと返すでしょう。

こう返してもらったら、承認してもらったのと同様なので、たとえ致命的なミスが起きても、上司の指示に従ったと大義名分を得ることができます。


次に、**こまめに報告**を入れてください。

ここは上司の性格によりますが、無気力な上司は比較的細かい報告を望みません。

ですから、定期的に週に1度くらいの報告でよろしいかと思います。

この報告は上司が確認する、しないが問題ではなく、**上司に進み具合を報告しているという行動**

を、あなたがとっているという証拠として重要なわけです。

これをしておくと「勝手に進めた」と言われなくて済みます。

そして**「肩書」を使うことを許可してもらってください**。

あなたの立場より上司の肩書を使った方が、いかなる仕事も早く進みます。

「もし相手がつわものだったら、課長のお名前を出させてもらってよろしいでしょうか」

このように言うと、上司としては「使うな」とは言いにくくなります。

最後に**うまくいかなかった、もしくはトラブルが起きた時は、遠慮なく上司に相談しに行ってください**。

任せられたから自分ですべて処理するという考え方は、あなたの精神上よくありませんし、問題が起きた時のために上司はいるわけです。無気力な上司であれば、めんどくさいので、その上の上司に丸投げしてくれるかもしれません。

どちらにしても、わからない状態で単発的に指示を受けて作業を進めるより、仕事の全体像をつかんで、自分の好きなようにやる方が、私はメリットが多いと思います。

ぜひ無気力な上司に出会ったら、これ幸いと考えてみてください。

3 「どうしてみんな僕の言うとおりにしないの」

やる気がありすぎる上司も困るが、このようにやる気がない上司も困るな。

どうして上司ってやつは、このように両極端なのか？


「どうだった？」

安孫子さんが労をねぎらうように、愛想笑いをしながら声をかけてきた。

「いろんなキャラがいるんですね」。僕は頭に浮かんだことを投げかけた。

「だろう、いい役者を揃えたからな。さあ、次に行ってもらおうかな」

「え、まだいるんですか？」

「なんだおめえ、もう仕事しないつもりか。タダ飯を食わすわけにはいかねえな」

そろそろ終わりだろうと思った僕は、つい口走った言葉を安孫子さんに打ち返され、ため息をつきながら次の部屋に向かった。


ノックして入ると、若い男の子が僕をじろっと見た。

僕は少しほっとした、今度はようやくまともそうだ。

僕は会釈をしてソファに腰かけた。

今風の韓国系のアイドルのような髪型と、少し神経質そうな眼で僕をちらっと覗く。手が少し小刻みに揺れている。

かすかな嗚咽が聞こえた。するとその若い男性は、僕にいきなりまくしたてた。

「困るんですよ。どうして僕の言うとおりにみんな動かないんですか。あなたもそうですよ。もっとしっかりしてもらわなきゃ」

僕はうっかり安孫子に渡された台本を読んでなかったので、慌てて目を通した。

■部下からの相談
「どうしてみんな僕の言うとおりにしない。いい加減にしてください」と課長に言われたが、明らかに間違っている。チームのほぼ全員も、反論してついていけないと言っています。

あなたならどうする

A 経験は自分の方が多いので、立場は部下として相談相手になり、若手社員との間に入る。

B とりあえず謝り、そのうえで「あなたのやり方にも改善点があるのじゃないか」と指摘してあげる。

C 私の言うとおりに動いたらうまくいくと、影で上司を操る。

Good Choice!

上司との関係性をよくするなら**A**です。

POINT

【防波堤力】

年下上司との付き合い方

解説

年下上司と良い関係性を持つには、年上上司とは少しアプローチを変えなければなりません。

それは、**お互いに気を遣う壁**があるからです。

年下上司から見れば、あなたは年上ですので、場合によっては、どちらが上司かわからないような言葉遣いになってしまいます。また3歳以上年齢差があると、仕事に対する価値観も異なってきます。

ですから上司から見ると、あなたの仕事の進め方に改善点を見つけやすいわけです。

そしてさらには、年下上司は何より経験が少ないものです。

判断力や問題解決力、ＩＴスキルなどは持ち合わせていても、特に**ヒューマンスキルと呼ばれる、人間関係を構築する能力は低い方が多い**ように感じます。

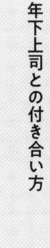

私の会社にも若いリーダーが多く活躍しているのですが、彼らに共通しているのは熱い思いを持つ一方で、どちらかというと力で仕事を進める傾向が強く感じられます。「もういい、僕がやるから」と抱え込むこともあります。

部下としては、そのような上司と関係性を築くには、何よりも**『上司に頼られる立場』を目指す**と良いと思います。

年下上司も様々な悩みを抱えており、本当は誰かに相談したり、意見を聞いてほしい思いを持っています。一方で弱みを見せたくない気持ちも持っているので、**彼らに必要なのは、参謀的な役割の人**なのです。

参謀と聞くと「意見を述べる人」のように見えますが、**ビジネスの世界の参謀は、どちらかというと「防波堤」のような役割が多い**と思ってください。

経験の少ない上司は、案件や問題があると、自ら正面から先頭を切って解決しようとします。

多くの場合、力で押し進み解決をするのですが、力で進めるとそれを押し返す力も生じるわけです。

名参謀は、このような**反発力や反対勢力を抑える役目**です。

もっと言えば、そのような進め方をする上司にアドバイスしたり、事前にチームのメンバーに根回しして、反発力をできるだけ抑えることができれば、素晴らしい防波堤になります。

今回のケースでは、まず**上司が困っていることを部下の立場として、一方で人生の先輩として聞いてあげて、現場のメンバーと上司の間の軋轢を無くす行動をとってあげる**ことが求められます。また上司も、そのような役割を必要としているはずです。

年下上司はどうしても、不安から虚勢を張りがちです。素直にアドバイスを受け入れないかもしれません。しかし、そこはあなたの心の広さで積極的にアプローチをしてあげてください。

次にアドバイスの仕方ですが、ついつい経験者は自分の成功体験を伝えてしまいがちです。年下上司にはそのアドバイスは少し受け入れにくいものです。

どちらかというと、**年下上司が興味を示すのは成功談より失敗談**です。ですからアドバイスは、自分が失敗した内容にすると聞き入れる確率は高くなります。

このような地味な役回りですが、年下上司からすると尊敬に値する行動で絶大な信頼を寄せるでしょう。

4 「あ、それ僕がやっておくよ」

「で、奴の話を聞いていたら2時間たっていたわけだ。あんたも人がいいな」

安孫子はあきれながらも苦笑いした。

「ほら次の奴が首を長くして待っているぞ」

「えっまだあるんですか」

安孫子はいぶかしげに俺を見て言った。

「なんだもう疲れたのか。おめえさんはスタミナねえな」

「人の話を聞くのも疲れるんですよ……」

「まあ、それも理屈が通ってやがるな。よし。今日はあと1人で手を打ってやろう」

何か勝手に手を打たれた感があるが、ようやくゴールが見えてきたので、僕はその話に乗った。


渡された台本を読む。

「担当しているアートプロジェクトの進捗ですが、約1か月遅れそうです。何とか挽回して、期日に間に合わせるようにしたいと思います」

このセリフから察するに、任せられた仕事が遅れているので、お詫びをするわけだな。

注意書きがある。

上司に仕事を取られないようにしなければならない。彼は仕事を抱え込んでは全く進捗せず、どうしようもなくなった状態であなたに戻す習慣がある。

「こりゃなんだ」


部屋に入ると小柄な男性が、バシバシとパソコンを打っている。

その背中からは、声を掛けづらいオーラが出ている。

椅子に沈み込んだ姿勢は、いかにも長時間仕事をしている人間の形だ。

「失礼します」

「ちょっと待ってもらっていいですか」

こちらに目を向けず、申し訳なさそうに、でもぴしゃりと言われた。

「はい、いいですよ」

ぱたんとノートパソコンを閉めて、こちらを向いた。

僕は台本通りに読んでみた。

即答が来た。

「わかった。そのプロジェクトは僕が引き継ごう。君は別の仕事をしてくれ」

あなたならどうする

A 仕方がないので上司に任せる。何か手伝えることがあれば言ってもらう。

B 上司は現状でも忙しいので、もう一度自分にやらせてほしいと伝える。

C 上司に任せるが自分でも並行して仕事を進める。

Good Choice!

上司との関係性をよくするなら**B**です

POINT

【優先順位設定力】

すべて抱え込む上司との付き合い方

解説

すべてを完璧にしたい、という困った上司もいます。

特にメンバー時代に優秀な成績を収めた方ほど、この傾向が強いように思います。

優秀な方ほど仕事ができてしまうので、他人にお願いするよりも自分でやってしまうものです。

しかし、私たち人間には限界があります。

ですから、すべてできなくなり、ミスが発生したり、仕事が遅れてしまいます。そうなると負のスパイラルに陥ってしまうわけです。

そのような方が上司になると部下も大変です。

仕事を管理するべき上司がバタバタしていると、まず計画が立てられませんので、行き当たりばったりの仕事になり生産性が下がります。時には火のついた状態で仕事を振られることもあるわけです。

これは『**優先順位設定力**』が原因です。

優先順位とは、限られた時間の中でどの仕事を優先的にやるのかを決める力です。この力がないと抱え込みが発生し、本来やらなくてもよい仕事を先にやり、逆に本来やらなければならない仕事が放置されることが起きてしまいます。

ですから、このようなタイプの方が上になった場合は、**上司に仕事を取られないようにする**ことが大事です。

仕事を取られそうになったら上司に声をかけてみましょう。

「すいません。私の仕事が遅いせいで……、ただ課長は●●の業務があると存じ上げます。何とか私でやらせてください」と、**上司にはもっと大事な仕事があることを整理させる言葉**をかけてみてください。

今回のケースも、上司に仕事を取られないようにするために、**上司自身の状態を上司に認識させる行動が最も効果的**です。

「ありがとうございます。でも課長は●●が期日の社長指示の案件があったのでは……」

このように、優先順位を付けさせる状況に持っていってください。

これでもダメなら少し強めに出ましょう。

「以前にも、課長が自分でなさるとおっしゃっていた仕事がありましたよね。しかし、期限前になって私たちに戻されたことがあります。それは困ります」

この場合の言い方はできるだけ事実を告げること。言い換えれば、その時の感情などは入れてはいけません。**事実を明確に伝えることで、上司に現実を考えさせる**わけです。

仕事を抱え込む、また奪う上司は「他人を信用していない」要因の方もいらっしゃいます。つまり、他人に任せると失敗するのでその責任はごめんだ、ということです。

ですから「自分が責任を取りますから、やります」と言って仕事を奪還しましょう。

責任を取るのが嫌なタイプならこの言葉は効きます。

原則を守っていれば、あなたが責任を背負うことはありません。ご心配なく。

3章

5 大仏のような課長

2日目、朝飯は魚の干物だ。

やたら白いご飯が美味い。汁物を注ぎ込むと、昨晩冷房をつけっぱなしで寝たせいか、暖かいものが胃に届くのを感じる。

目の前では勢いよく、納豆とご飯を流し込む安孫子がいる。

とにかく飯を食うのが速い。安孫子に言わせれば、店の店長時代は10分で昼を済ませるのが当たり前だったらしい。

「それにしても、あの俳優たちは安孫子さんがスカウトしてきたのですか」

僕は1つ向こうのテーブルで固まっている上司役の人たちを見ながら言った。

「ちがうな。あいつらはここの教官たちだ」

「桜電機の社員ってことですか」

「ああ、まあ、俺が一本釣りでスカウトしたには違いねえ」

僕はまじまじと彼らを見ていたが、昨日の抱え込み上司と目が合ったから、すぐに目をそらした。

「今日はまた濃い奴らをそろえているからな」

安孫子はニヤッと笑った。

朝飯を終わらせて安孫子から書類を渡される。

目を通すと、どうやら部下の男の子にある企画を任せたいが、意見がほしいと上司に言うシーンらしい。

今度はどんな上司なのか…ノックをして入室した。

50歳くらいだろうか、でも違和感を感じるのは、つやつやした黒髪だ。しかも、すべて後ろに流している。おでこの真ん中には大きなほくろがあり、小さな目とぼてっとした唇、さながら大仏さんのようだ。

「失礼します」

一礼して彼の前に立つ。

大仏課長は無言で手を差し出し、僕を座らせた。

僕は言い放つ。

「課長ご相談です。実は部下の西村君が、来年春をめどに別の仕事に就きたいと要望を出してきました。彼はもっと仕事を任せてほしいようです。できれば次回の大感謝祭の企画を任せようと思っていますが、課長はどう思われますか」

大仏課長は表情を全く変えずにこういった。

「わかった。検討する」

本当に表情を変えない。僕はもう一押ししてみた。

「彼は企画を成功させますかね」

また表情を変えない。これならＡＩロボットの方が幾分ましだ。

「どうだかな」

この言葉が大仏課長の口からわずかに発せられた。

あなたならどうする

A／上司と世間話をして、そのうえでもう一度論理的に説明する。

B／部下教育と彼の今後について、熱く語ってみる。

C／どう検討するのか質問し、結論を出してもらう。

Good Choice!

上司との関係性をよくするなら**A**です。

POINT

【心理的安全性】感情がない上司との付き合い方

解説

もともと人間なので感情は存在します。ですが、その感情を表現するのが苦手な方は多いものです。

1968年にアメリカの産業心理学者のデビット・メリル氏は、人の言動を4つのスタイルに分ける『**ソーシャルスタイル理論**』を提唱しています。

この理論は非常にシンプルで、感情表現と自己主張の2軸でマトリクスを作って分類しています。

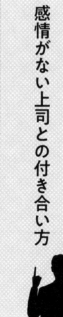

感情表現が豊かで自己主張もできる人は『**エクスプレッシブ**』と呼ばれ、明快で積極的にコミュニケーションをとっています。

逆に、感情表現が乏しく自己主張が弱い人は『**アナリティカル**』と呼ばれ、観察や分析を好み理論建てた考え方をすると言われています。

今回のケースはどちらかというと、『アナリティカル』と呼ばれる分類の上司です。

この分類の方は他者から見ると、〝何を考えているかわからない〟タイプです。

しかし本人からすると隠しているわけではなく、あえて言わないタイプが多いようです。

ですから、少しのきっかけで本音を聞き出すことができることがあります。そのきっかけが『**心理的安全性**』と呼ばれるものです。

平たくたとえると、「自分の考えを伝えても大丈夫」という関係性と捉えると良いでしょう。

上司は平気なふりをしても、常に恐怖や不安を感じています。

それは上層部からの評価などより、むしろチームのメンバーである部下からの軽蔑などが怖いという方が多いものです。

だからこそ、相手に悟られないように表情を出さなくなっているのかもしれません。

皆さんも思い出してみてください。

はじめて後輩を持った時「知らない」とは言いにくかったと思います。それが発展した感情と言えばわかりやすいと思います。

今回のケースの方も頑張って無表情を作っているとすれば、その頑張り、つまり障害となるものを取り除き、心理的安全性をまず作り上げることが大前提となります。

ですからいきなり本題から入らずに、雑談や世間話などでお互いの共通点を見つけたり、打ち解けるような状況を作ることから始めましょう。

心理的安全性を作るには、なにはともあれ話す機会を作ることです。

もちろん無表情であまり話さない相手に対して、話しかける機会を作るのは難しいかもしれません。しかし先ほどご説明したように、相手はあなたを嫌ってそのような態度をとっているわけではないのです。

ですから、粘り強く何度も継続して会話の機会を作りましょう。

話す機会を作った際に、業務以外の話をするのも良い方法です。

私が研修のスタートの際に行うワークがあります。自己紹介と最近あった嬉しいことを共有し合うのです。ある人は家族のことをお話しになられたり、ある人は趣味のことをお話しになります。

このように**自分のポジティブな体験は、案外障壁が低く、話し合えるもの**です。そこから共通の価値観を見出すことができればさらに良い関係が作られます。

「それは僕も同じです」

このようなセリフが話せるようになれば大したものです。もちろん、それは正直な気持ちでそう言えればの話です。

このように心理的安全性を作ってあげると、きっと上司の顔もほころぶことでしょう。

次に、このタイプの上司は論理性が大好きです。論理性とは道筋をつけて話をすることです。論理性が通れば、上司が反対していたことも素直に受け入れてくれます。

論理性を出すには次のことに意識するだけでずいぶん変わります。

「主張」（伝えたいこと）
「データ」
「理由付け」

です。

「西村君に次の企画を任せたい。西村君は●●を担当して▲▲の実績を上げている。企画を任せることでさらに成長するし、退職の確率も減る」

これで納得しなければ、さらにもうひとサイクル回して伝えます。

「企画を任せるとやる気が出て退職率が減る。過去××さんもやる気がなくなっていたが、■■の業務を任せることで、いま活躍してくれている。ですから西村さんには退職してほしくないので機会を与えたい」

この「主張」と「データ」、そして「理由付け」の3点で回して話すことを『**三角ロジック**』と言います。

非常に相手に伝わりやすく、論理的な上司には必須の話法だと思います。

3章 6

サハラ砂漠を全店に作れ

大仏課長と打ち解けるのに、ずいぶん時間がかかった。

でも人は意外だ。あの無表情な大仏さんが猫好きだったとはな。

唯一僕との共通点だったので、お互い自分の猫自慢をすると、まるで別人のようになった。


僕は喫煙ブースに向かった。

しかし、いつも煙の中にいる安孫子さんが見当たらない。

仕方がない、前もって指示をされた次の部屋に入るか？

特に台本がない。

でもいろんな上司を体験してきた僕は、どんな上司でも対応できる変な自信を身につけていた。


ノックをして入る。

そこには安孫子さんがいた。

「なんだ、安孫子さん、ここにいたんですか。僕はてっきり喫煙ブースに……」

安孫子さんは真顔で、その鋭さは厳粛さを感じる。

「何をやっている、さっさと座れ」

ドスの効いた、粗い声が部屋に響く。

「は、はい」

「俺が君の上司だ」

僕は一瞬考えた。

「は？　ああ、そういうことですか」

どうやら最後は、安孫子さんが上司という設定みたいだ。

目を見開いた安孫子さんは声をかけてきた。

「エアコン売れないな。今年は」

今年は冷夏で、かつ不景気だから家電の大きな売り上げのエアコンが振るわない。

「仕方がないじゃないですかね。暑くなれば買うでしょうがね」

「天気には勝てないというわけか」

僕は少し調子に乗って、言ってしまった。

「まあ、40度を超えるような暑さが来れば別ですがね」

安孫子さんもいつものような大笑いをすると思っていたが、どうもいつもと反応が違う。

「なるほどな、暑くか……」

安孫子さんは斜め上を見て何かを考えている。

「よし暑くしろ」

僕は安孫子さんが冗談を言っているのかと「ははは」と笑った。

「何を笑っている」

安孫子さんの顔は笑っていない。むしろ、熱いような気迫を感じる。

「いいか、全店の売り場にサハラ砂漠を作れ。そこを歩いてからエアコンコーナーに行くようにすると絶対売れる。砂はサハラ砂漠の砂を一面に引いて、ラクダも歩かせよう。早速、来週サハラに行って砂を調達してこい、ラクダもな」

あなたならどうする

A 了承して経費を試算するなど、計画を作る。

B 冗談だと「はいわかりました」とだけ言って聞き流す。

C ありえないことだとやめるように説得し、周りからもやめさせてもらう。

Good Choice!

上司との関係性をよくするなら**A**です。

POINT

【タイミングの計り方】

宇宙人型上司との付き合い方

解説

俗に言う、ぶっ飛んでいる上司に当たったことがありますか？

この手の上司は、創造力が桁違いに発揮されやすく、常識や限界などを考えません。メリットで言えば、提案すれば受け入れてくれますし、従来の慣習などをぶっ壊してくれます。また、「え？そんなことできるの」とウキウキさせてくれます。新しいビジネスを考えたり、桁違いのスケールの仕事をさせてもくれます。

しかし、部下としては大変な目に合う方が多いようです。

このタイプの上司との付き合い方は2つですが、方向性は同じです。

「現実とアイデアのギャップを理解させる」というものです。

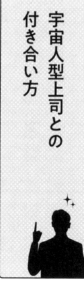

まず1つめの上手な付き合い方は、『**指示の受け方**』です。

今回のように、非現実的な要望を指示として受けた時には断りたくなるものですが、それはやめておきましょう。前章で書いたようにアイデアを否定されることは、このタイプは非常に嫌います。

ですから、**まずは受ける姿勢を出しましょう**。

そのうえで最初にやることは、周りへ相談と許認可、ルールなどの確認です。

それらを確認し、壁が現れたら、すぐに上司に相談をします。

つまり、あなたは**「指示を受けて動いたが、どうしようもない障壁が現れた」**という状況を作り出します。

現実外れな指示は必ず組織内に反対勢力が現れます。その反対勢力を利用するわけです。そのうえで、代替案を提案するか、上司に代替案を出してもらえばいいのです。

もう1つの方法は、『**数字化する**』ことです。

例えば、サハラ砂漠の砂を持ってくることがダメだというより、どのくらいコストがかかるのかを定量化します。

発想力のある上司の多くは、定性的な判断をすることが多いです。

先日あるレストランで上司の方が部下を連れて来られていましたが、「一番良いワインを持ってきてくれ」と店員さんに言ったところ、少ししてからワインリストを持ってきて、何やら耳打ちをしてリストを見せていました。

一番良いワインがいくらしたのかはわかりませんが、おそらくその上司らしき男性はリストの金額を見て現実に戻られたのでしょう。

上司から褒められる資料の作り方は、資料を3つほど作ることです。①上司から言われた通りの試算、②一番安く上げた試算、そして③あなたが現実的だなと思った試算です。

複数案を持っていく理由は上司に恥をかかせないためです。

上司から言われた通りの試算だけを突き出すと、悪意にとられたり、むきになってそれを通そうとする方もいるかもしれません。そのようなリスクを少なくするためにも、上司が選べるようにするわけです。

選ばせるコツは『**松竹梅作戦**』です。ランクを3つ設定すると、多くは真ん中を取る特性があるからです。

これは私自身が個人的にやっていたことですが、上司から企画が出そうになった時に話を逸らせるという技を使っていました。多くは上司のジャストアイデアですから、それが出そうな兆候をつかみ、あえて全く違った話に話題を変えるのです。

アイデアが固まる前に別の刺激を加えるのも1つです。

「サハラ砂漠といえば、どこかのチェーンで旅行プレゼント企画をしていましたね」などとエアコンから話を逸らすわけです。

アイデアが湧き出る方は次から次と発想が浮かぶ代わりに、その前に考えていたことを忘れることも多いのです。

別のアイデアで上書きをするということも有効ですね。

昔、安孫子さんが海水浴場でエアコンを売ったと聞いたことがある。実際に恐ろしい数が売れたらしい。

安孫子さんのうわさは本当だったのか。あれじゃ皆、辞めちゃうよ。この「面接研修」が終わったら、少し距離を置こうと僕は考えた。

くわばら、くわばら……。


安孫子さんが最後の上司かと思ったら、また次は横の部屋に行けと言われた。

渡された台本を読む。

なるほど、部下の仕事が遅れているから手伝っていいかという内容。何でもないことだな。


僕はノックをした。

部屋の中から、おかしなイントネーションで返事が来た。

入ってみると、そこにはアラブ系だと思われる外国人がいた。

まさかの外国人上司だった。

奴は鋭い眼光を飛ばしながら、僕に握手を求めてきた。そして僕をソファに座らせた。

「君のそのシャツは僕の故郷の町を思い出すよ」

奴は笑いながらそう言った。しかし僕はどう返していいかわからず、愛想笑いで応酬するが、それはすでに見抜かれているような気がした。

「で、今日はどんな用事だい？」

奴の声で我に返り、書類を出して、それを棒読みした。

なにやらぎこちない伝え方は、海外旅行で外国人と話すかのようだった。

「えっと、夏のボーナスキャンペーンの企画ですが、西村君に確認したところ、頑張っていますが、いまいち進みが悪いようです。そこで僕も一緒に入ってサポートをしようと思っています。今しばらくお待ちください」

奴は両手を頭の部分まで上げていった。

「なぜ手伝う。理解できない。彼は彼の仕事ができないのならば、必要ないよ」

は？　部下をクビにしろと言っているのか……。

あなたならどうする

A

彼の頑張りをアピールして、なんとか彼に仕事をさせてもらう。

B

上司は仕事の内容や過程を知らないのに、できていないから仕事を外すというはありえない。それではみんなが付いてこないと抗議する。

C

上司がどのような結果を望むのかヒアリングし、期日を設定して、彼にやらせたいと伝える。

Good Choice!

上司との関係性をよくするなら**C**です。

POINT

【論理的説得力】

外国人上司との付き合い方

解説

国内の企業の評価には『情意評価』と『結果評価』が組まれています。

しかし海外は結果だけを求められます。つまり、頑張りだとか悩んでいるなどの過程は評価対象になりません。

このように書くと冷たく感じられるかもしれませんが、逆に言えば、結果を出していれば有給などの休みを取ることもできますし、年功序列を破って評価と連動した報酬をもらえるのが海外です。

このような**外国人の上司についたときは、上司の価値観の背景を知るところから始めましょう**。

私がイギリスで「インバスケット研修」をした時のことです。ある英国人の方がこのような質問をしてきました。

「先生は部下に仕事を教えて仕事を任せるのが重要だと言いましたが、私はそうは思いません」

なぜそう思うのか理由を聞くとこのように返ってきたのです。

「部下に仕事を教えて任せると、自分の仕事を奪われて、私が会社から解雇されるからです」


ですから、日本で上司として当たり前の行動である「教育と任せる」は、彼らからすると理解できないそうです。

その話には続きがあります。

「でも、日本には100年続く企業が多くあり、その行動の効果も理解できます」


もう1つ例を挙げましょう。

上海で研修をした時のことです。どんな仕事の優先順位を高くするか？　というインバスケットのワークをしました。

その研修には日本人・中国人・韓国人の方が混在でいらっしゃいましたが、見事に国別で優先順位に対する考え方も異なりました。

私の印象では中国の方は時間の軸やスピード、効率などを重視され、韓国の方は上下関係や社会奉仕などを重要視されるようです。

日本人が選んだリスクなどは彼らからすると「？・」と感じられたようです。

「なぜ、発生する可能性が低いトラブルを過大に捉えるのか」と質問されたときには、言葉に詰まりました。

このように、**私たちの国で進めている当たり前が、海外では当たり前ではない**という前提で上司に接するべきでしょう。

上司との接し方で具体的に確認をした方がよいのが、『評価の観点』『ホウレンソウの基準』『意見の伝え方』です。

まず**『評価の観点』**ですが、何を評価するのかを、きちんと面談して確認しておいた方が良いでしょう。

日本の上司はたとえ結果を出しても、仕事の進め方について評価の重きを置いている方が多いのに反して、外国人上司は結果を出せばプロセスにはこだわりがない方が多いです。

ですから求められるものが何かを、日本人上司よりもより濃密に確認をするべきでしょう。

次に**『ホウレンソウの基準』**です。

この本でも報連相は、うるさがられるほど細かくご説明しましたが、外国人上司はこれを嫌う方が多いようです。これは先ほど述べた「結果を出せばいい」という考え方とつなげていただければ、わかりやすいと思います。

報連相を細かくする必要よりも**『結果報告』**を求めます。

相談などについても「それはあなたの仕事であり、自分の仕事ではない」と考えており、相談に来るということはその仕事をする能力がないと捉えられることもあります。

つまり、プロに仕事を依頼しているという感覚なのです。

最後に**『意見の伝え方』**です。

これは外国人が特殊というより日本人の特性ですが、私たちは相手に嫌な気持ちを持たせないように配慮したり、少し回りくどい表現を使いがちです。

これが海外の方から見ると「YES」なのか「NO」なのかわかりづらく、不可解に感じられるようです。

今回のケースでは、**頑張りなどをアピールするよりも、結果を出す方法を論理的に説明し、合意を得る仕事の進め方を試す**方が良いでしょう。もちろん上司にも、私たちの仕事の進め方を理解してもらう努力も必要ですが、上司の基準に合わせて話をしてみてほしいのです

最初は少し戸惑うかもしれませんが、**はっきりと結論を伝える勇気**を出しましょう。

強めの自己主張が、彼らにとってはちょうどよいか、それでもまだ自己主張が弱いと感じられるようです。

外国人上司と上手に付き合うのは、とても難しいと感じられるかもしれませんが、日本の上司と比較して考えると案外さっぱりしていて、特に楽しく仕事ができるという方も多くいらっしゃいます。

言葉の問題や文化の問題もあると思いますが、グローバルな仕事の進め方が学べる機会でもあります。ぜひ良い経験に変えて、あなたの仕事をワングレード上げてみてください。

小学校はきちんと出たの？

もう、あっという間に西伊豆は夕日になりかけている。

僕がロビーのソファに腰かけて外を眺めていると、安孫子さんがやってきた。

「どうだった。外国人ってやつは」

先ほどの宇宙人的発想上司の連想があるので、僕は言葉を選ぶことにした。

「もうへとへとですよ。」

「馬鹿野郎。そんなことじゃこれからのグローバル社会で難民になっちまうぞ。知っているだろう。来年あたり社長以下の幹部がすべて外国人になるってこともある」

そういえば、うちの会社は外資系ファンドから何度か打診を受けているとニュースで聞いたこともある。いつ外国人が上司になってもおかしくないわけだ。

「安孫子さんは海外事業も手掛けられていたんですよね。ってことは、英語ペラペラなんですか？」

安孫子の額に夕日が当たり、少し自慢げな表情がオレンジ色に光った。

「馬鹿野郎。俺がそんなもの話せるわけないじゃないか。いいか、言葉は口で話すだけじゃねえんだよ。ここだよ」

そう言って自分の胸をどんどんと叩いた。

「ほら最後だ。お勤めをしっかり果たしてこい」

クリアフォルダーからすっと出された紙を渡された。

「明日の天気予報を報告せよ」

なんだこれは。お天気おじさんでも中にいるのかな?

まあいい、僕はスマホですぐに調べて、そのうえでノックをした。


なんだか嫌なにおいがする。

キャベツの青臭さとなにか刺激臭が混ざっている。はっきりした匂いではない。どこか感じるようなにおいの感覚だ。

そのにおいというか、オーラを発している方が中に居た。

よれよれのプレスのかかっていないスラックス。ワイシャツのえりも薄黒い。そのくせ万国旗のような際どい彩色のネクタイが斜めになってぶら下がっている。

60歳近いのだろうが、白髪に近い髪の毛がわずかに両サイドに残っている。

眼は淀み、少し分厚い唇は薄ら笑っているように見える。


簡単な挨拶をしてソファに座ろうとすると、にやにやしながらこっちを見ている。

「なんでしょうか?」、僕は中腰の状態になったまま止まって聞いた。

舐めるように僕を見て、絡みつくような声を出した。

「いや、ソファに座るんだなあと思って」

僕は立ち上がって睨んでやった
「ダメなんですか」

「別に……」

そう言って鼻で笑う。これなら販促課の田沼の方が10倍ほど好感を持てる。

とにかく一緒の空気を吸いたくない
「失礼しました。では報告です。明日は晴れ時々曇りです。以上です」

頭を下げて立ち去ろうとしたが、僕がキッとにらみつけたら、ガマガエルのようにのどを鳴らした。


「なんですか?」


「あなた、きちんと小学校出たのかな。アハハ冗談、冗談。パワハラなんて言わないでよ。あなたが悪いんだから」

「ちょっと待ってください。僕はきちんと明日の天気予報を伝えましたよ。馬鹿にしないでください」

まるでこの男は、人を不快にする妖怪だ。緩い口元から何か出てこないかと、いらぬ心配をするような噴き出した声で言った。

「その書類読んでごらんなさい。右下に日付が書いているでしょ。その日付は読めるのかな」

僕は書類を覗き込んだ。右下に作成日が書いてある。確認すると2日前だ。

「ねえ、だ・か・ら小学校出ているのかな？　って聞いたの。あ、もういいよ。別の人にお願いしておくから。まったく、あなたのご両親はどんな教育やしつけをしてきたのかな。もっときちんとした教育を受けるべきだったね」

僕は腹の底から何か込みあがってきた。

あなたならどうする

A 自分のミスなので、ぐっとこらえてとにかく部屋を出る。

B 自分の両親を馬鹿にされたので、反論し、徹底的に攻撃する。そして謝罪させる。

C 安孫子さんに中に入ってもらい、話し合う。

Good Choice!

上司との関係性をよくするなら**C**です。

POINT

【職場での喧嘩の作法】

生理的に合わない上司との付き合い方

解説

さて本書の残りページも、そろそろ少なくなってきました。
いままで様々な上司との関係性を良好にする、または修復する方法をお伝えしてきました。
しかしながら、それらを試したがうまくいかなかった、もしくは試せなかったあなたがとるべき方法は2つです。

1つは『**我慢する**』ことです。

努力をしたが、上司が明らかにあなたに敵意を持っている、もしくは強い嫌悪感を持っている場合は、相手を変えるのは難しいと思います。

人間関係は、あなたと上司の両方が少しずつ扉を開けて、初めて前に進むものだからです。あとは、あなたがとる方法は我慢ということになりますが、こう考えてはいかがでしょうか?

一生この上司と付き合うことはない、明日上司に辞令が出るかもしれないし、ひょっとしたら自分が転勤になるかもしれない。

私が新任の上司にお伝えするのは「あなた方の任期は1年半」ということです。

多くの場合、組織がずっと全く同じであるということはありません。

周りの環境が変わると会社も変わりますし、会社の誰かが退職すると玉突きで人事異動は発生します。

ですから、その時まで割り切って我慢するのです。


それでも我慢できず、自ら職場を去ろうとする方もいることでしょう。

しかし、その仕事が嫌でなければ、職場を去る前に1つするべきことがあります。

上司と戦ってください。つまり喧嘩をしてください。

ただし喧嘩といえども、正しいやり方があります。『**一対一の喧嘩は避ける**』ことです。

喧嘩の目的は、相手をやっつけることではありません。あなたの主張を相手よりむしろ周りに知らせることです。

ですから、大勢の前で喧嘩をするのが効果的です。

私も全店の店長会議などで、当時の専務とやり合いました。

最終的にはこの喧嘩は負けます。いかに正しい主張であっても組織ですから、会社は上位職の味方です。

しかし、決して負け戦にはなりません。

まずあなたの主張を理解し、味方になってくれる方が現れます。

先ほどの店長会議後に私は叱責を受けたのですが、その後、複数の方が「お前の言っていることは正しい」と味方になり励ましてくれました。

そして会社にアピールできます。

「あの人とあの上司は相性が悪い」

このように会社が認識すると、おそらくその上司と一緒に働く期間も短くなるでしょう。

会社は問題を起こしたくないものです。

ですから隔離政策を取りますし、上司に対しても評価を上げることはしないでしょうから、あなたが味わったダメージを少し返すことができるかもしれません。

今回のケースでは業務上で非があることは認めたうえで、自身が上司から掛けられた言葉を、第三者を交えて聞いてもらうことが大事です。

決して一対一で戦おうとは思わないようにしましょう。

ただこの方法は捨て身の方法ですから、あなた自身の評価を下げることにつながるかもしれません。ただし、生理的に合わない上司とずっといることを考えて、どちらがいいか天秤にかけ判断するとよいと思います。

EPILOGUE

頭にきた僕は安孫子さんに抗議をした。

安孫子さんはその話を聞くと、妖怪男を怒鳴りつけた。

まるで妖怪を閻魔さまが、取って食おうとしているようなシーンだった。

すると妖怪はまるで魔法が解けたかのようにしゅんとして、僕にあっさりと謝罪した。

もちろん妖怪も役割を演じただけなので、僕も矛を収めることにした。


「じゃあ、次は君が上司役だな」

安孫子さんは僕に言った。

「いえ、僕は辞退します」

本音だった。今回の様々な上司を見ていて、僕は上司という生き物に心底なりたくなかった。みんな自分勝手で、相手を平気で傷つけ、楽しいとはかけ離れた仕事だ。

「ま、それも選択の1つだな」

怒鳴られるかと思った僕は、肩透かしを食らった。

「お前さんの役割を台本で書いておいたが、これも不要だな」

そう言って、安孫子さんは部屋の隅のごみ箱に書類を捨てようとする。

「あ、せっかく作っていただいたので、少し中身を見てもいいですか」

安孫子さんは不思議そうな趣で、僕に台本を渡した。

そこには僕が演じる上司のキャラクターが描かれていた。


「何事にも恐れず、部下の成長を喜び、時には部下に厳しいながらも陰で成功を誰よりも祈っている。仕事を楽しみ、挑戦を続け、学び続ける。しかし繊細で傷つきやすく、時には涙を流すこともある」


な、なんなんだ、これは。

僕はもう一度読み直す。

僕とは180度違ったキャラクターだ。

失敗は大嫌いだし、人の成長に喜びを感じたこともない。叱るのは苦手だし、陰で支えるよりもどちらかというと前に出ていくタイプだ。

仕事は義務だと思っているし、楽しいどころか苦痛だ。

挑戦はしているつもりだが、避けているのも事実かもしれない。

最近は勉強どころか本も読んでいないな。涙を流したのは、いつのことか……。

僕は察した。

これは演じる役割というよりも、安孫子さんが僕に向けたフィードバックなのだろう。「君はこれと正反対だ」と暗に言っているのだろう。なんて陰湿な人なんだ。少しでもついていこうと思った僕が馬鹿だった。

そう思うと怒りが込み上げてきた。

「安孫子さん。これは嫌味ですか。僕はこんな役割できない」

安孫子さんは「ほう」と言った。

そして、口元からかすかな笑い声を吹き出し、次第にそれは腹の底からの笑い声になった。

「誰にだって無理さ。こんな役割はよう」

僕をからかったのか？　さらに僕は嫌悪感をあらわにした。

「でもなあ、上司って奴はよう、こんな理想像に近づこうと演じるんだよ。怖いけど怖くないふりをして、本当は自分のことで精いっぱいなのに、一生懸命人を育てるために仕事を教えるのさ」

僕は上司って生き物に疑念の意を感じざるを得なかった。

いつも無茶を言って、責任転嫁する、自分本位でいい加減じゃないか。

そう思っていると、安孫子さんはこう言った。

「なぜそんなことをするのかって思うだろう。それはな。部下がそんな上司を望むからだよ」

「部下が望むからですか？」

「当たり前だと思わないか？　なぜかって部下と仲良くしたいからだよ。部下に嫌われたくはないんだよ。できれば尊敬されたい」

そりゃそうかもしれない。僕も、もし上司になったらそう思うからだ。

でも今回の役割を、なぜ僕がしなければならないのか、その答えにはなっていない。

僕は安孫子さんに質問を投げた。

「じゃあ、どうして僕なんです、もっと適任がいるでしょう」

「適任なんていねえよ。誰にだってこんな役割はできねえ。でもおめえさんは少なくても嫌な上司を経験して仕事を辞めようとまで考えたんだろう。だったら少なくとも、これからこのセンターに来る部下の連中の気持ちはわかるだろう」


僕はなにか体の中を撃ち抜かれたような感覚を覚えた。


僕は野池課長の顔を思い出した。

最終的に信頼を得ることができたようには思えるとはいえ、まあひどいこともされたし、二度と一緒に仕事をしたくはない。

改めて思い出すと怒りも再沸騰する。

僕が上司になったら、野池課長とは正反対のことをする。それだけで良い上司になると思ったことも事実だ。

僕は安孫子さんに質問した。

「安孫子さんは良い上司になろうと思ったのですか」

安孫子さんは満面の笑みで答えた。

「俺は良い上司だったぜ。ただ部下はそう思っていなかっただろうがな」

「部下から良い上司と思われたくなかったのですか」

「わかんねえんだよ、上司という生き物はよ。俺も部下になって、初めてわかったぜ。嫌な上司ってやつがよ」

そういって安孫子さんは大笑いした。

きっと、だからこのプログラムを作ったんだな、僕は流れがどこかつながった爽快さを感じていた。

なぜか今の僕は、誰よりも一番良い上司を演じられるような気がした。

「わかりました。やってみます」

そういうと安孫子は頬を少し赤らめ、僕の肩を叩いて横をすり抜けた。

僕はその瞬間、上司って生き物に進化したような気がした。

第4章

上司を活用して仕事を楽しくする

4章 1

反面教師として自分の上司像を構築する

さて様々な上司とうまく付き合う方法をご紹介してきましたが、いかがだったでしょうか？

上司との関係性をうまくとはいかなくても、険悪にならなければ、仕事上のストレスは減るのは事実です。

ここからはさらに上司をうまく活用して仕事を楽しくする方法を考えていきましょう。

「我以外皆我師」

この言葉は歴史小説家吉川英治さんが書かれた小説の中で、宮本武蔵が言った名言です。自分以外の人や物は何かを教えてくれる先生であるという意味です。

なるほどな、と思いますね。

町を見下ろしているカラスからも、公園で遊ぶ子供たちからも学ぶところがあるわけです。

この言葉を当てはめると上司からも学ぶところはあるのではないでしょうか？

人間どこか良いところがあるはずです。ただ、上司という生き物は周りから見ると悪い特性が目立つものです。

しかしながら、この悪い特性も、あなたにとって学びになります。

これを『**反面教師**』と表現しますが、実は私も、この反面教師で今の自分のリーダー像が形成されたといっても過言ではありません。


上司の良いところはすぐには見つけにくいものですが、悪いところはノートいっぱいに書けるほどあるという方も多いと思います。

これらはあなた自身が将来犯すかもしれない失敗を、先回りして実演してくれていると考えれば、素晴らしい教えになるのではないでしょうか？

失敗は最大の学びの要素でありますが、どのようにしたら失敗するのかを実演してくれているのが上司かもしれません。


ですから、上司の嫌なところをノートに記録しておいてください。

それを自分が上司になったときに、『やらないこと10か条』に入れておくだけで、あなたの上司像は素晴らしいものになることでしょう。

この上司像はとても大事で、あなたが大事な部下を持った時に大いに役立ちます。

つまり、部下にあなたと同じような嫌な思いをさせたくないのであれば、今の上司から大いに学んでほしいわけです。

4章 2

上司を部下にするイメージを持つ

世の中にあるもので、役に立たないものはないとよく言われます。

私はウイスキーが好きですが、蒸留所に見学に行ったときに「泥炭」と呼ばれる泥上の炭が欠かせない燃料になっています。

泥炭は多くの水分を含み、通常の燃料には向いていないのですが、その泥炭が出す煙がウイスキーの香りを作るわけですね。

上司という生き物は、煮ても焼いても食えない代物のように見えますが、燃料としては非常に役立つと私は考えます。

このお話をすると結構引かれるのであまりしませんが、このような話題になったのであえてお話ししましょう。

実は私は、入社してすぐにリストラ候補に挙げられたことがあります。

当時の上司から最低の評価を付けられて、私自身もこの上司を軽蔑していました。

仕事上だけならまだしも、言い難いプライベートの用事も言いつけられたり、不正をしていることも知っていました。

その上司が私を「使えない人間」としてリスト化した書類を見つけてしまったのです。

落ち込んだものの、血気盛んな私は「こっちから辞めてやる」とばかりに退職届を書こうと思いました。しかし、どうもそれでは負けた感だけが残り後味が悪く、10年後もその思いは残っているように感じたのです。

そこで作戦変更です。

その上司を部下にしてやろうと思ったわけです。

人がモチベーションを維持するには様々な方法があるようです。

ポジティブに変換したり、好きな音楽を聴いたり、とても素敵な方法です。

しかし私のモチベーションはどうもネガティブらしく、競争や怒りなどは良い燃料になります。

それから猛勉強したり、様々な社内プロジェクトに参加したりしました。

とても大変でしたが、そのようなときは『**上司燃料**』を使います。あの時の光景や、苦い笑いをするあの顔を思い出すのです。

こうして私は同期で一番出遅れていたにもかかわらず、同期で一番早く幹部職に就くことができました。

ここで終わるとメールでお問い合わせをいただきそうなので、その後も少し触れましょう。

結果的に彼は私の部下になりました。

私が彼の上司に着任したときに「鳥原、よろしくな」と肩を叩いてきました。その時に私は「鳥原ではありません。鳥原さんと呼んでください」と一言伝えました。これで復讐完了です。その後は個人的にもお付き合いさせていただきました。

上司への怒りや恨みは、どこに向けるかで前に進むか、後ろに進むのかが変わります。そして嫌な上司から離れるためには、前に進むしか方法はないと思います。ビジネスの世界は結果を出さなければ主張は通りませんから……。

ぜひ上司燃料を使って、あなたのステージをランクアップしてください。

4章 3

強《したた》かな部下になる

上司と部下は、どうしても上司が強い立場になりがちです。それは役職のパワーがあるからでしょう。

でも上司から見るとそのパワーを持っても扱いにくい部下はいます。年上の部下や異性の部下と並ぶくらい「頑固な部下」は困った存在なのです。

頑固というとネガティブですが、これをポジティブに変換すると「芯の通った部下」です。何を言っても岩のように動かない部下に対して、手を焼く上司はいるものです。

ただ私はあなたに、このようになってほしいとは思いません。

あなたに目指してほしいのは『**したたかな部下**』です。

したたかは、漢字で表現すると〝強か〟と書きます。意味は様々な取り方がありますが、漢字を見ていただくとわかるように「強い」というイメージが感じ取れるでしょう。

ここからは私の解釈になりますが、ただ強いだけでは上司と良い関係も築けません。強かな部下とは以下の特性を兼ね備えた方だと思います。

まず**『先の利益を考えられる人』**です。

仕事では、矛盾や不条理はよくあることです。しかし、強かな部下は長期的にメリットがあると思うと、それを素直に受け入れます。

もちろんこれは計算づくの判断です。

「この件を進めてほしい」とある部下に指示をしました。するとその部下は「わかりました。難しいかもしれませんがやってみます。ただ前段階で片付けなければならない●●という案件がありますす。これをやりたいのですが」と、指示をした内容を受けつつ、自分のやりたいことを絡み付けて話してきます。まるで交渉です。

「それはしなくてもいい」と突っぱねると「それは困りましたね。どうも筋道が通りません。みんなにどう説明したらよいのか……みんなにご説明お願いできないでしょうか」

このように返してきます。

まあ、めんどくさい部下です。

このような部下に何か指示するときは、人一倍気を遣って指示をしなければならないので、あまり口出しをしないようにしたくなるのが上司という生き物です。

また強かな部下は人を観察します。生理的に合わない上司であっても、なにか自分の役に立つという部分を見つけたら態度を変えて従います。

人によって立ち振る舞いを変えるのはどうかという意見もあると思いますが、私はこのような方はビジネスの世界では賢い人だと思います。

なぜなら、その態度は上司にもひしひしと伝わり、この部下にはメリットを与えなければ動かないというプレッシャーを与えることができるからです。

部下をモノのように扱う上司には効果的な作戦です。

たとえすぐに計算できず、口がうまくないという方でも、徐々に強かさはついてきます。

そのためには、上司から指示されたことや伝えられたことに対して、何かを返すようにすることが大事です。言われっぱなし、指示出されっぱなしが一番よくありません。

「おい、こっちに来てくれ」

このように上司に言われたらあなたはどうしますか？

嫌な顔をしながらも上司のもとに行く、これはよくありません。こんなことをすると、あなたはこれから「おい」で動く部下になってしまいます。

私ならまず無視をします。

きっと上司は「聞こえないのか、おい」と言ってくるでしょう。

そこで一撃くらわしましょう。

「私は〝おい〟ではありません。鳥原です」

上司からするとその反撃は記憶されます。

〝こいつは口答えをする奴だ〟こう考えさせられたら、しめたものです。

二度とあなたのことを「おい」と呼ばないでしょう。

また指示をされたらその半分か3分の1は上司に返しましょう。

「わかりました。やってみます。ただ部長には課長からその件をお話しいただけませんか」だとか、「早速計画を作ってみます。来週の月曜日に1時間ほどお時間いただけませんか」などと返します。

これで上司は「めんどくさい」と感じることでしょう。

上司に指示されたことだけではなく、上司を少し動かしてみることも、とっても仕事を楽しく進めるコツです。

「実はこの件を進めているのですが、課長に一言お口添えを頂きたいのですが」

このように話しかけてみると上司はあなたに距離を取っていくでしょう。

つまり**上司から嫌われず、かつ少しめんどくさい部下になるのが一番お勧め**なのです。

4章 4

「こいつは自分の部下だった」と言わせろ

本当に価値のあるものは自身が気づくことよりも、ほかの誰かから価値を指摘されたときに気付くものです。

「鳥原さんのところの●●さんはできますね。どうやって採用されたのですか」

このように言われたことがありました。

上司としてはとても嬉しいことです。一方で葛藤もあります。

上司としてその部下の価値を低く見積もっていた場合は、自分の価値観が間違っていたのかと思うわけです。

ですから、**どれだけその上司に仕えて結果を出してもあなたを評価しないのであれば、周りに評価してもらえるようになることを目指す**と良いと思います。

手前味噌で恐縮ですが、私が『インバスケット思考』という本を出版し、マスコミ等で採り上げられたときに、数本電話がかかってきました。

過去の上司からです。はっきり言って一緒に仕事をしているときはそれほど評価されていた感覚はないのですが、電話で「いやあ、以前からできていたからなあ」などと言うわけです。調子がいいものです。

ある上司は私を食事に誘い、当時の彼の部下を連れてきて自慢話をしていました。

つまり、自分の下にいるときは気づきませんが、外部から成功したと聞くだとか、ネット上であなたの名前が出ていると、「こいつは自分の部下だった」「この子の上司だった」と誇りに感じるわけです。


私はその言葉を上司に言わせたときが、あなた自身が本当に上司を超えた、いえ卓越した瞬間だと思うのです。

そして、**「あなたの上司でよかった」と上司は言い、「あなたの部下でよかった」と部下は言える。その関係こそが真の上司と部下の究極の関係ではないか**と思うのです。

おわりに

新型コロナウイルスが流行し、数年経ちました。

病気自体も深刻ですが、それよりも影響が深刻なのが、人間関係だと思います。

普段は頼りになる親類の家に行くのもお互いぎくしゃくしたり、社内や社外での人間関係も希薄になりつつあるような気がします。


コロナは上司と部下の関係にも深い溝を作ったような気がします。

実際の距離だけではなく、心理的な距離も遠くなったと感じている方も少なくないでしょう。

もともと上司と部下は利害関係にありますので、うまくいきにくい関係だと思います。


しかしその中でも、上司と部下の関係をより良くしたいと考えている方が、本書をお読みになってお互い歩み寄り、そして気持ちの良い仕事をしていただけたらありがたいと本書を書き始めました。


本書を書くきっかけは、元上司からの連絡でした。

「肩書きがなくなった。だから部下として上司にどのように接するべきか教えてくれ」

今まで上司だった自分が部下になる。まるでドラマのような出来事が、当たり前に起き始めているわけです。

今まで私は「上司」を対象に教えて、上司向けの本を書いてきました。

ですから、上司の気持ちはわかります。

しかし部下の気持ちがわかるかと言えば、思い出すのに時間を有しました。

本書で「上司という生き物」という表現に、気分を悪くされた方もいるかもしれません。

しかし、私自身は上司に対して尊敬の念を持ちつつ、一方ではこの「生き物」として扱わせていただきました。

ですから、こう割り切ることで今まで悩んでいた上司との関係が少し楽になり、うまく上司と付き合えるようになる方がいれば、著者としてとても嬉しいです。

私自身はいま経営者で、上司はいません。

しかし、年に数回、数名の過去に上司だった方と連絡を取り合い、時には「鳥さん　もっとこうしたら良い」というアドバイスをいただいています。

いまだったら、あの「無理を言う生き物」とうまく付き合い、良い仕事がもっとできたのになあと感じます。

本書で私の心残りの部分を、あなたが模擬体験として味わい、いまの上司の方とうまく付き合い、楽しい仕事ができることを、心より期待しております。

最後に本書の編集にご尽力いただいた黒川剛さん、そして協力してくれた当社のスタッフに感謝を申し上げます。

そして最後までお読みいただいたあなたにもお礼を申し上げます。

ありがとうございました。

2023年3月

インバスケット研究所
鳥原隆志

［著者プロフィール］

鳥原隆志

TORIHARA Takashi

インバスケット研究所代表取締役

1972年生まれ。大学卒業後、大手スーパーのダイエーに入社し、販売部門や企画部門を経験し、10店舗を統括する店舗指導員(スーパーバイザー)として店長の指導や問題解決業務に従事する。管理職昇進試験時にインバスケットに出会い、研究・トレーニングを開始。その経験を活かしてインバスケット研究所を設立。企業のリーダー研修などのためのインバスケット教材開発と導入をサポートする、日本で唯一のインバスケット・コンサルタントとして活動中。大企業の管理職研修など、2万人以上のリーダー育成を支援してきた。著書は『究極の判断力を身につけるインバスケット思考』(WAVE出版)、『マンガでやさしくわかるインバスケット思考』（日本能率協会マネジメントセンター）など54タイトル、累計85万部に達する。

鳥原隆志のインバスケットチャンネル（YouTube）

https://www.youtube.com/@inbasket-TIC

鳥原隆志公式ブログ（毎日更新）

https://ameblo.jp/inbasket55/

インバスケット＆ケースのストーリーで体験する
上司との悩みを成長に変える賢い方法

2023年4月10日　　初版第１刷発行

著　者　**鳥原隆志**

Ⓒ2023 TORIHARA Takashi

発行者　張 士洛
発行所　日本能率協会マネジメントセンター
〒103-6009　東京都中央区日本橋2-7-1 東京日本橋タワー
TEL03（6362）4339（編集）／03（6362）4558（販売）
FAX03（3272）8128（編集）／03（3272）8127（販売）
https://www.jmam.co.jp/

装　　丁　山之口正和（OKIKATA）
本文組版　株式会社明昌堂
印 刷 所　シナノ書籍印刷株式会社
製 本 所　株式会社三森製本所

本書の内容の一部または全部を無断で複写複製（コピー）することは、法律で認められた場合を除き、著作者および出版者の権利の侵害となりますので、あらかじめ小社あて許諾を求めてください。

ISBN 978-4-8005-9091-6　C2034
落丁・乱丁はおとりかえします。
PRINTED IN JAPAN

JMAMの本

マンガでやさしくわかる インバスケット思考

鳥原隆志 著
星井博文 シナリオ制作
稲垣まこと 作画

四六版並製／224ページ

インバスケットとは、限りある時間のなかで架空の立場になり、多くの案件をより成果が出るように処理するビジネストレーニングです。企業の昇進昇格試験にも使われます。

そこで必要とされる、思考力、判断力、問題解決力を磨くためのノウハウを、マンガのストーリーを読みながら身につけられるのがこの1冊。

主人公は実家の居酒屋を継ぐことになった岩崎あかね。オープン初日の混乱をインバスケット思考で乗り切ります。

目 次

●プロローグ　インバスケットって
Story0　肉豆腐のためにまさかの転職！
●Part1　優先順位を決める
Story1　新生「赤とんぼ」開店準備
●Part2　問題解決力を身につける
Story2　いざ開店！そして再び問題発生！
●Part3　判断力を磨く
Story3　雨が止まない！その時、店は!?
エピローグ　肉豆腐は偉大なり

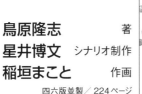